LE GRAND LIVRE DES
JEUX D'ESPRIT

LE GRAND LIVRE DES JEUX D'ESPRIT

GODFREY HALL

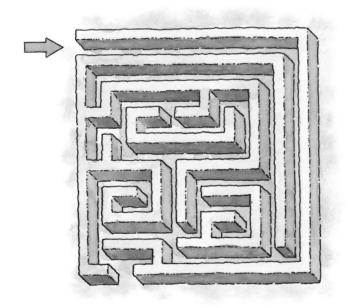

Première publication
en 1991 par Kingfisher Books

© Grisewood and Dempsey Ltd 1991

© BIAS 1992 pour la version française

ISBN : 2-7015-0582-8

© Les Editions Héritage Inc. 1992
Version française pour le Canada

ISBN : 2-7625-6826-9

Dépôt légal : 2ᵉ trimestre 1992

Imprimé à Hong Kong

Loi n° 49956 du 16 juillet 1949
sur les publications destinées
à la jeunesse.

Responsable de cet ouvrage :
Thomas Keegan

Concepteur graphique :
Neville Graham

Illustrateurs :
Peter Dennis (Linda Rodgers and Associates)
et Oxford Illustrators

INTRODUCTION

Dans *Le grand livre des jeux d'esprit*, Godfrey Hall
a rassemblé une impressionnante collection d'astuces,
de devinettes, d'expériences scientifiques, de tours
de magie et de petits objets à confectionner. Dans ce livre
passionnant, tu découvriras de surprenantes réalités.
Tu feras la connaissance de grands scientifiques, de leurs
découvertes et des conditions dans lesquelles elles ont été
réalisées. Tu pourras non seulement faire certaines
expériences, mais également réfléchir à leur propos.
Tu éblouiras tes amis et étonneras tes parents avec
de savants tours de cartes ou de passe-passe.

Le grand livre des jeux d'esprit est divisé en six parties.
Chacune d'entre elles te propose un thème différent.
Dans la partie concernant la psychologie, tu pourras
apprendre le fonctionnement de la mémoire et essayer
d'améliorer la tienne. En abordant la technologie, tu te
pencheras sur les constructions qui t'entourent, sur la
manière dont elles sont réalisées, et comment elles
arrivent à tenir debout. Tu apprendras aussi comment
construire différents types de ponts et tu découvriras ainsi
le plus solide, c'est-à-dire celui qui peut supporter la plus
grande charge. Le chapitre sur les sciences fait référence
au temps, à l'Espace, aux moyens de communication.
Enfin, la dernière section révèle comment faire rentrer
un œuf dans une bouteille sans même fêler la coquille
et dévoile tout à propos d'un hexagone magique.

Le grand livre des jeux d'esprit permet d'apprécier
au mieux les heures de distraction qu'il procure.
On y découvre des centaines de réalités extraordinaires
ou drôles, mais toujours très vivantes et variées
qui t'amuseront sans aucun doute !

Les solutions et réponses aux jeux sont à la page 90.

TABLE DES MATIÈRES

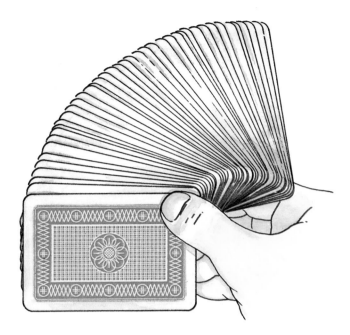

MATHÉMATIQUES

TECHNOLOGIE

PSYCHOLOGIE

ARTS

SCIENCES

NATURE

PROBLÈMES

INTRUS

Regarde les gens autour de toi, à l'arrêt d'autobus, ou peut-être ceux qui attendent pour entrer dans un cinéma. Partout, tu remarqueras que les gens sont différents. Sauf s'il y a des jumeaux parfaitement identiques dans les parages ! Peux-tu repérer l'intrus dans ces problèmes ? Certains sont faciles, d'autres peuvent être un véritable défi.

DEVINETTES

Trouve des mots de 7 lettres finissant par "eau", ex. : manteau, chapeau, chameau, etc.
Dans la page des réponses, nous t'en proposons 12, mais il y en a bien d'autres… À toi de chercher !

Pauline explique : "J'ai le même lien de parenté avec votre fils que Jacques avec vous." "C'est vrai, dit Fred, et vous avez le même lien avec moi que Jacques avec vous."
Quel est le lien de parenté entre Fred et Jacques ?

JEU DE NOMBRES

Tu peux faire beaucoup de choses surprenantes avec les multiplications. Écris la table de sept de un à dix. Écris seulement les réponses comme ci-dessous.

7	6
5	13 ... 1 + 3 = 4
3	11 ... 1 + 1 = 2
10 ... 1 + 0 = 1	9
8	7

7	42
14	49
21	56
28	63
35	70

Maintenant, additionne les chiffres ensemble dans chaque nombre. Si tu obtiens deux chiffres, additionne-les aussi.

Regarde soigneusement, que remarques-tu comme schéma ? Essaye maintenant avec les autres tables, comme celle de huit ou six. Peux-tu remarquer un schéma particulier ?

Maintenant essaye avec la table de neuf. Tu trouveras des réponses intéressantes !

AMUSE-TOI AVEC LES NOMBRES

"Combien de billes as-tu ?" demande Pierre. "Eh bien, répond son frère Maxime, si Robert m'en donne quatre, il en aura juste moitié moins que Danielle. Mais si Danielle m'en donne quatre, alors nous aurons tous les trois le même nombre de billes."
Combien de billes ont-ils chacun au départ ?

Le poids total d'un sac de farine est de 19 kg. Après avoir utilisé un tiers de la farine pour faire du pain, le sac et la farine pèsent 14 kg. Combien le sac pèse-t-il ?

Combien de minutes est-il après huit heures, si 74 minutes plus tôt, il était la moitié autant de minutes après sept heures ?

L'INTRUS

Voici des suites de nombres auxquelles il manque les deux derniers. Essaye de les trouver.

Les plus faciles :
    2 ; 4 ; 6 ; 8 ; 10 ; …
    5 ; 10 ; 15 ; 20 ; …

Un peu plus difficiles :
    2 ; 4 ; 7 ; 9 ; 12 ; …
    2 ; 9 ; 13 ; 20 ; 24 ; …
    12 ; 15 ; 9 ; 12 ; 6 ; …
    20 ; 15 ; 22 ; 17 ; 24 ; …

Très difficiles :
    9 ; 27 ; 6,75 ; 33,75 ; 5,625 ; …
    1 000 000 ; 500 000 ; 166 666,66 ;
    41 666,66 ; 8333,33 ; 1388,88 ; …

Combien de points as-tu marqués ?

Trouve l'intrus parmi ces nombres :
    69 ; 333 ; 159 ; 735 ; 452 ; 17367.

COMMENT GAGNER ?

Voici un petit jeu pour te mesurer à l'un de tes amis.
Placez devant vous un bocal avec six billes.
Le but du jeu est d'être celui qui prendra la dernière bille.
Vous jouez l'un après l'autre en prenant une ou deux billes.
Si tu proposes à ton ami de jouer le premier,
qui va gagner ?

Le gagnant est celui à qui il ne reste qu'une ou deux billes à retirer. Donc, c'est celui qui laisse, à l'avant dernier tour, trois billes à son adversaire qui gagnera à tous les coups.

Si ton adversaire joue le premier et prend une bille,
toi tu en prends deux.
Il restera donc trois billes et tu gagneras au prochain tour.
S'il prend deux billes, prends-en une.
Il te reste trois billes et tu seras encore le vainqueur.
Tes amis se rendront vite compte qu'à ce petit jeu tu gagneras toujours.

LE JEU DE LA MARGUERITE

C'est un Américain, Sam Lloyd, qui a inventé ce jeu, il y a très longtemps. Il a aussi inventé des problèmes d'échecs.

Il te faut deux personnes pour ce jeu.
Trouve une marguerite. À tour de rôle, les joueurs arrachent un ou deux pétales côte à côte.
Le premier joueur prend un ou deux pétales, l'autre joueur doit alors faire de même. Puis à nouveau, le premier joueur recommence à l'opposé. Le jeu se poursuit jusqu'à ce qu'il n'y ait plus de pétales.
Le vainqueur est celui qui prend le dernier pétale.

QUEL PROBLÈME !

Voici un exercice que tu peux faire avec tes amis.

Pense à un nombre.
Ajoute sept.
Multiplie par deux.
Ôte quatre.
Divise le nombre obtenu par deux et ôte cinq.

Tu trouveras toujours la bonne réponse.

CALCULATRICE

À quoi te sert ta calculatrice ? Quand je vais faire mes courses, je la prends toujours, pour savoir combien je dois payer avant d'arriver à la caisse. La calculatrice est aussi bien un objet utile qu'elle peut être un amusement. Voici justement quelques idées de jeux auxquels tu peux jouer avec ta calculatrice.

Bon calcul !

À L'ORIGINE

Ce sont les Chinois ou peut-être les Babyloniens qui ont inventé le boulier. Ce fut la première et plus simple forme de machine à additionner. Le boulier est encore utilisé aujourd'hui en Chine, en URSS et au Japon. L'origine du mot est latine, *abacus*, ce qui veut dire une planche couverte de sable où l'on trace des calculs.

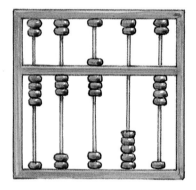

Un boulier est fait d'un cadre en bois avec des perles enfilées sur des petites tringles. En 1834, un Anglais du nom de Charles Babbage conçut une calculatrice si compliquée qu'on ne put pas la fabriquer ! Cependant, il en avait fait une maquette. La machine avait un grand nombre de roues et de colonnes et fonctionnait à l'aide d'une manivelle.

En 1945, deux Américains du nom de J. Presper Eckert et John Manchly inventèrent la première calculatrice électronique : l'ENIAC. C'était une sorte de calculatrice géante.

DE PLUS EN PLUS DE MOTS

Les calculatrices peuvent additionner, soustraire, diviser et multiplier. Mais si tu es intelligent, tu peux aussi les faire parler !

Laisse-moi t'expliquer.

Tape le nombre 3. Retourne ta calculatrice la tête en bas et tu découvriras la lettre E.

Essaye les nombres suivants et regarde ce que cela te donne quand tu retournes ta calculatrice :

07734

Maintenant essaye avec ces nombres et regarde à quoi tu arrives :

35508... Aïe !

505... SOS !

708... Pour manger tes céréales !

37738... Elle est jolie !

713705... Beau temps !

Tu pourrais ainsi envoyer des messages codés à tes amis et leur dire de les déchiffrer avec leur calculatrice.

COMMENT ÇA MARCHE ?

Les calculatrices sont de petites machines compliquées. Elles fonctionnent habituellement à l'aide d'une pile ou de cellules solaires, rechargées par la lumière. Sous le clavier de ta calculatrice, il y a des circuits imprimés. Quand tu appuies sur une touche, elle entre en contact avec ces circuits qui envoient des messages à la puce. La puce agit comme un cerveau, elle interprète les informations du clavier et envoie ses instructions sur l'écran.

L'écran d'une calculatrice est composé de lignes droites qui, lorsqu'elles fonctionnent toutes, forment une ligne de huit. L'écran est soit à cristaux liquides, soit à diodes lumineuses. L'écran à cristaux fait apparaître les chiffres comme sur un papier. Selon le signal électrique reçu, il laisse ou non passer une lumière qui dessine ainsi les chiffres sur l'écran. Les diodes fonctionnent lorsqu'elles sont alimentées par de l'électricité.

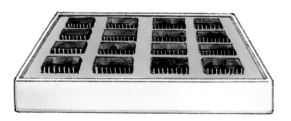

GÉNIE PUR

Les calculatrices sont des petites machines puissantes.

Voici quelques problèmes que tu peux effectuer sur ta calculatrice.

1. Multiplie

10 x 9 x 8 x 7 x 6 x 5 x 4 x 3 x 2 x 1.

2. Divise 10 000 000 par 5, et multiplie par 10.

3. Quelles sont les différentes manières d'obtenir 224 en utilisant seulement 4 chiffres ? (Par exemple 16 x 14.)

Voici un jeu que tu peux faire tout seul avec un paquet de cartes.

Mélange le jeu et donne-toi 3 cartes. Le valet vaut 11, la dame 12, le roi 13 et l'as 14.

Regarde jusqu'à combien tu peux aller en trois tours.

Inscris la valeur de la première carte dans la calculatrice, par exemple : 4.

Maintenant choisis x ou ÷ ou + ou –. Inscris la valeur de la seconde carte, par exemple roi 13. Maintenant choisis à nouveau x, ÷, + ou - et inscris la valeur de la dernière carte, par exemple 7 et appuie sur =. Quelle est la réponse ?

Essaye alors de trouver le résultat le plus grand et le plus petit en utilisant les trois mêmes cartes.

PENSE À UN NOMBRE

Pense à quatre chiffres, par exemple 8, 4, 3, 2. Maintenant agence-les de manière à obtenir le plus grand et le plus petit chiffre possible (8432 et 2348).
Tu enlèves le plus petit nombre du plus grand : 8432 – 2348 = 6084.
À nouveau tu retrouves la plus petite et la plus grande combinaison possible à partir de ces quatre chiffres. 8640 et 0468. Tu ôtes le plus petit nombre du plus grand.
La réponse est 8172.
Continue : 8721 – 1278 = 7443 ...
7443 – 3447 = 3996...
Arriveras-tu à un moment au résultat 0 ?
Maintenant, essaye avec ces chiffres : 8, 3, 2, 6.
Que se passe-t-il ?

PARTIE DE BILLARD

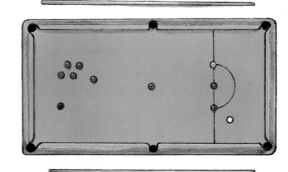

Rouge : 1 point.
Jaune : 2 points. Soit 56 dans le trou.
Vert : 3 points. Soit 144 dans le trou.
Brun: 4 points. Soit 156 dans le trou.
Bleu : 5 points. Soit 192 dans le trou.
Rose : 6 points. Soit 268 dans le trou.
Noir : 7 points. Soit 299 dans le trou.

Il faut deux joueurs et une calculatrice. Le premier joueur tape un nombre de deux chiffres.
Le second essaye de retrouver ce même nombre par une multiplication.
Par exemple :
48 : 12 x 4 = 48.   97 : 12 x 8 = 96, erreur d'un point. Pour blouser la bille rouge, il faut soit le nombre exact, soit une erreur d'un point.
Si le second joueur blouse aussi une bille rouge, on peut jouer pour une bille de couleur.
On inscrit deux nombres pour obtenir le total inscrit ci-dessus. On doit trouver le score exact. Il y a six billes rouges dans le jeu, qui valent chacune un point. Chaque couleur vaut le nombre de points inscrit sur le tableau. Si la couleur est dans le trou, alors le joueur joue pour une autre bille rouge et recommence le processus.
Quand il n'y a plus de billes rouges, alors on blouse les autres couleurs dans l'ordre des points.
Le gagnant est celui qui a le moins de points à la fin du jeu.

JEUX DE PAPIER

Voici quelques jeux faciles à réaliser mais difficiles à expliquer. Certains sont des illusions d'optique.
Ce qui veut dire que tes yeux sont trompés : tu ne vois pas ce qui est réellement

dessiné ou montré. Ce que tu regardes n'est pas ce qu'il y paraît.
Les lignes ci-dessous te montrent bien ce qu'est une illusion d'optique.

L'ANNEAU DE MŒBIUS

Mœbius est un mathématicien Allemand qui vivait au XVIIIe siècle. Sa bande de papier est plutôt étonnante !
Tu as besoin d'un morceau de papier de 35 cm de long et 5 cm de large, de la colle et d'une paire de ciseaux.
Tortille le papier une fois et colle les deux extrémités

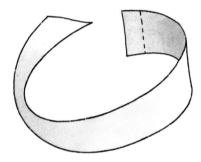

ensemble. Ensuite, coupe le centre du papier comme indiqué par les pointillés.

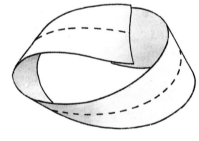

Laisse le papier aller et regarde ce qui se passe.
Coupe-le à nouveau.

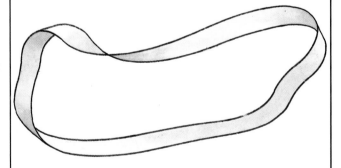

Ça ne semble pas possible, mais pourtant ce l'est.
Répète l'expérience avec un papier plus épais et vois de quelle longueur sera ta bande de papier.

LIGNES TROMPEUSES

Prends une feuille de papier et dessine deux lignes parallèles de la même longueur, soit huit centimètres, à environ trois centimètres l'une de l'autre.

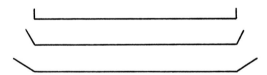

Maintenant dessine des petits traits à chaque extrémité, comme sur le modèle. Montre-les à quelqu'un et demande-lui quelle est la plus longue. Elles sont bien sûr de la même longueur mais on ne dirait pas !

Encore quelques lignes trompeuses... Dessine trois lignes parallèles de huit centimètres de long, à trois centimètres l'une de l'autre.

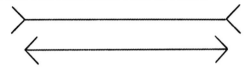

À la fin de chaque ligne droite, dessine des traits comme sur le modèle. Demande à tes amis quelle est la ligne la plus longue.

RÉSEAU

Essaye de dessiner ces figures sans soulever ton crayon du papier et sans passer deux fois sur le même trait.

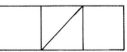

Tu t'apercevras que s'il y a plus de deux ou trois intersections, le réseau ne peut pas être terminé sans soulever ton crayon.
Lequel des modèles ci-dessous ne peut être dessiné comme un réseau ?

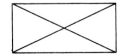

JEU

Ce problème, inventé par Édouard Lucas, un mathématicien français, est devenu un jeu en 1883 : "la Tour de Hanoï". Tu peux le réussir, tu n'as qu'à y penser.

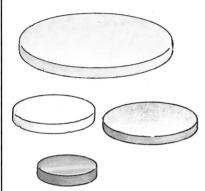

Trouve quatre couvercles de différentes tailles. Place deux couvercles sur la table comme sur le modèle ci-dessous. Essaye de reconstruire la tour sans mettre le grand couvercle sur le plus petit.

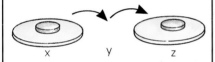

Combien de manipulations a-t-il fallu ?
Maintenant essaye la même chose avec trois couvercles. Tu ne dois bouger qu'un couvercle à la fois et tu ne dois pas placer un grand couvercle sur un petit.

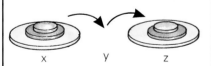

Avec deux couvercles, il faut au moins trois manipulations ; avec trois, il en faut sept.

Essaye avec les quatre couvercles. Combien de manipulations cette fois ?

ÉTONNANT LABYRINTHE

Essaye de trouver ton chemin pour sortir de ces labyrinthes. Hampton Court, au sud de l'Angleterre, a un célèbre labyrinthe. À une certaine époque, les labyrinthes étaient très populaires auprès des paysagistes et on peut encore en trouver dans les grands jardins des maisons de campagne.

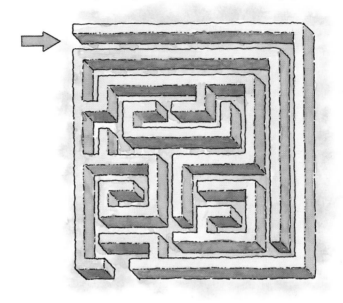

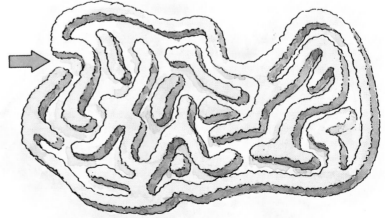

17

CASSE-TÊTE CHINOIS

Les casse-tête chinois, avec leurs triangles, carrés et parallélogrammes, m'ont toujours fasciné, même lorsque j'étais petit. C'est bien pour déconcerter tes amis et pour créer des modèles intéressants. Entraîne-toi à dessiner des modèles et tu pourras peut-être créer ton propre casse-tête.

CASSE-TÊTE, TRIANGLES ET MOSAÏQUES

Ce casse-tête fut inventé il y a des milliers d'années : il s'agit d'un carré découpé en un parallélogramme, un carré et cinq triangles.

Voilà comment tu dois faire. Prends un carton sur lequel tu dessines un carré de dix centimètres de côté. En te servant du modèle ci-contre, coupe le carré en sept morceaux : deux grands triangles de la même taille, un triangle moyen, deux petits triangles, un carré et un parallélogramme.

Regarde si tu peux faire :

1. Un grand triangle en utilisant trois pièces.

2. Un grand rectangle en utilisant toutes les pièces.

3. Un carré en utilisant deux triangles.

Quand tu as fini, donne les pièces à quelqu'un d'autre et demande-lui de refaire le carré sans regarder le modèle. C'est difficile !

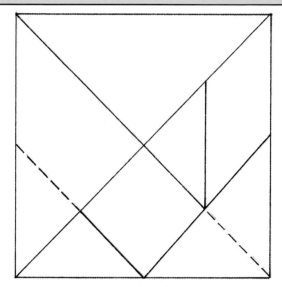

CASSE-TÊTE TAQUIN

Prends un carré de papier de dix centimètres de côté et plie-le au milieu. Plie-le à nouveau et continue ainsi jusqu'à ce que tu ne puisses plus le plier du tout. Ouvre le papier et regarde les formes que tu as créées. Vois-tu les carrés dans les carrés ? Colorie certains carrés pour les faire ressortir.

MOTIFS ET IMAGES

Prends une feuille de papier de dix centimètres de côté, plie-la comme dans le jeu précédent.
Quand tu as fini, découpe certains motifs que tu vois. Utilise les triangles pour former tes propres motifs.
Voici quelques exemples :

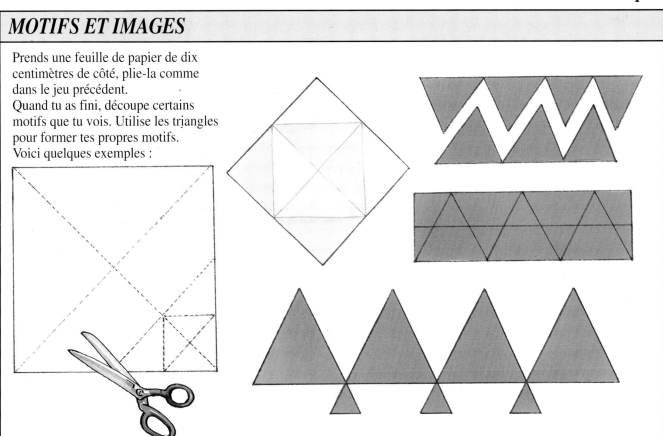

MOSAÏQUES

Les formes d'une mosaïque doivent pouvoir se répéter sans laisser d'espace entre elles. Un triangle équilatéral ainsi qu'un carré peuvent servir pour faire des mosaïques, mais pas un cercle.

Fais ton propre motif en utilisant les formes possibles. En voici quelques exemples :

TRIANGLES RUSÉS

Regarde les chiffres dans les différents triangles.
Compte et vois lequel de ces triangles contient le plus grand et le plus petit nombre en additionnant les différents chiffres inscrits dans les angles.

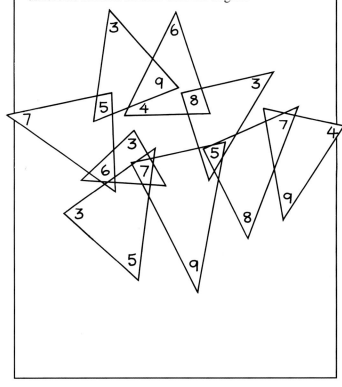

NOMBRES MAGIQUES

Jouer avec les nombres et les arrangements de nombres est très fascinant. À travers les siècles, les hommes ont fait des expériences avec les nombres et leur organisation. Pourquoi ne pas soumettre tes professeurs à l'école à quelques-unes de ces expériences ? Que dis-tu de faire un agrandissement d'une image en utilisant une feuille quadrillée ? À la page suivante, on te dit comment faire.

OS ET CARRÉS

John Napier est un Anglais qui vivait au XVIIe siècle. En 1614, il a publié une table de nombres appelés logarithmes. Ils aidaient les gens à multiplier et à diviser en faisant de simples additions et soustractions !

À l'origine, les nombres ont été taillés dans des morceaux d'os et formaient une série de baguettes. Elles étaient utilisées pour les multiplications et les divisions. Elles sont connues sous le nom d'"os de Napier".

Fais deux os.

Fais-en un troisième, cette fois avec la table de trois.

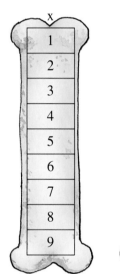

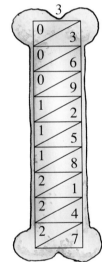

Pour faire des multiplications ou des divisions rapides, place-les côte à côte et lis :

Maintenant, place les trois os ensemble comme ci-contre.
Tu peux maintenant multiplier par 53.
Vérifie que tu additionnes bien les os de biais.
Essaye avec d'autres os en utilisant des nombres différents.

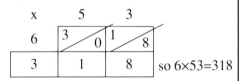

so 6×53=318

CARRÉS MAGIQUES

Voilà un carré magique. Quel que soit le sens dans lequel tu additionnes les chiffres, tu obtiens toujours le même résultat.

Regarde si tu peux trouver les chiffres manquants dans ces carrés magiques.

Surprends tes amis, invente un carré magique.

4	9	2
3	5	7
8	1	6

12	7	14
		9
8		10

15	8	1	24	7
16		7		23
	20		6	4
3	21	19	12	
9	2	25	18	11

QUEL MYSTÈRE !

Voilà un problème de nombres que tu vas pouvoir tester sur quelqu'un.

Dessine un carré et numérote-le.

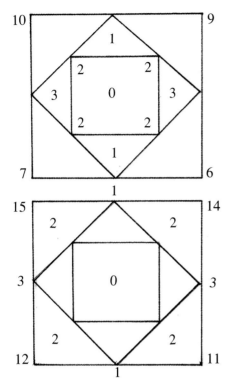

Maintenant prends le plus petit nombre à l'opposé du plus grand de chaque côté, écris ta réponse au milieu et dessine un autre carré. Recommence et tu découvriras que tu arrives toujours à 0.

Demande à tes amis de penser à un autre nombre, par exemple 15. Numérote le carré de la même manière, et ta réponse finale sera à nouveau 0 !

PLUS GRAND, C'EST MIEUX !

Trouve une image que tu voudrais agrandir, copie-la en utilisant du papier quadrillé. Divise cette image en petits carrés, ensuite prévois une autre grille deux fois plus grande que la première. Recopie chaque carré du premier dessin sur le second. Quand tu auras fini, ton image sera deux fois plus grande !

DEUX JOUEURS

Un jeu pour deux.

Choisis un nombre dans le carré.

Sur ta calculatrice, tape un nombre qui, multiplié par 16, doit donner le chiffre que tu as choisi dans le carré. Si ta réponse est bonne, tu places un jeton sur le chiffre obtenu. Le gagnant est celui qui a couvert une ligne entière.

80	112	32
128	160	64
96	144	48

TROIS COLONNES

Essaye de remettre ces chiffres en ordre de façon que le résultat de l'addition des côtés soit toujours 15.

1	2	3
8		4
7	6	5

JEU DE CHIFFRES

Certaines de ces idées égayeront les jours de pluie où tu dois rester à l'intérieur.

As-tu jamais essayé de lire dans les pensées ? C'est assez difficile mais voici une ou deux manières d'y parvenir.

SEPT, CINQ, TROIS

Il faut quinze pièces de monnaie. Étale les pièces. Le gagnant sera celui qui obligera l'autre à prendre la dernière pièce. Chaque joueur ramasse une ou plusieurs pièces, mais toujours dans la même rangée. Regarde comment y arriver, il est possible de gagner chaque fois !

LIRE DANS LES PENSÉES

Essaye ce jeu à ta prochaine fête et tu verras que lire dans les pensées n'est pas si difficile. Sors de la pièce où se trouve un de tes amis. Demande à quelqu'un de choisir une carte dans un ensemble de 6 cartes. Retourne dans la pièce où ton ami te montrera les cartes une à une. Tu dis à tes amis que tu vas retrouver la carte choisie. Tu y arriveras facilement.

Pour cela, ton ami doit connaître le système. Il dit : "Est-ce celle-ci ?" avant de montrer chaque carte, sauf pour la bonne carte où il dit : "Est-ce celle-là ?"

Il y a d'autres signes qui peuvent être utilisés, comme se gratter l'oreille avant d'annoncer la bonne carte ou toujours choisir la troisième carte.

Essaye de trouver ton propre code secret.

PROBLÈMES DE CARTES

Ce tour peut aussi être fait sans regarder les cartes : tu utiliseras alors un mot comme indice. Tiens les cartes en éventail vers le bas et fais-en choisir une à quelqu'un. Alors que la personne prend la carte, tu ouvres légèrement le paquet pour voir celle qui est sous le paquet supérieur, par exemple l'as de pique. La personne remet la carte dans le tas. Ensuite, quelqu'un coupe le paquet, et tu cherches la carte qui se trouve devant l'as de pique. On peut aussi battre les cartes et regarder la dernière sous le paquet. Tiens le paquet dans ta main gauche, tête en bas, et avec le bout de ton doigt glisse la dernière légèrement en retrait, et avec ta main droite jette la carte suivante, face cachée, sur la table. Continue ainsi jusqu'à ce qu'une personne dise stop. À ce moment-là, la carte suivante sera celle que tu as gardée. Tu la jettes sur la table en disant son nom.

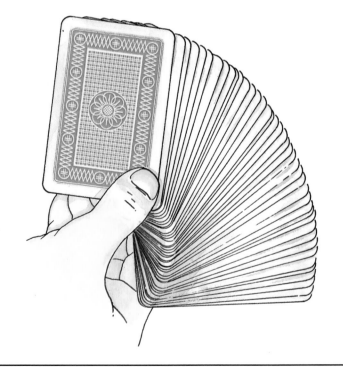

JEU DE DÉS

Jette quatre dés sur la table et cache-les avec tes mains. Place-les côte à côte.

Demande ensuite à un ami de deviner le total des faces que tu touches. Écris les réponses, les bonnes réponses valant un point. Maintenant c'est à ton tour de deviner.

Une autre façon de jouer est de deviner ce qui se trouve sur la face cachée des dés. Par exemple, si c'est le quatre dessus, qu'est-ce qui est dessous ?

Si tu arrives à te souvenir des emplacements des chiffres, il te sera facile de gagner !

NOMBRES "À GOGO"

Essaye ces exercices.

30 x 30	80 x 80
50 x 50	90 x 90
70 x 70	100 x 100

Comment cela a-t-il marché ? Y a-t-il une manière rapide de le faire ?

3 x 3 = 9 et tu ajoutes deux 0.
5 x 5 = 25 et tu ajoutes deux 0.
7 x 7 = 49 et tu ajoutes deux 0.

Il y a plusieurs façons de vérifier des opérations. En voici une autre.

IMPAIR + IMPAIR = PAIR

7 + 3 = 10   233 + 343 = 576

PAIR + PAIR = PAIR

6 + 6 = 12   444 + 326 = 770

IMPAIR + PAIR = IMPAIR

3 + 4 = 7   341 + 566 = 907

PAIR − IMPAIR = IMPAIR

8 - 5 = 3   680 - 655 = 25

Qu'obtiens-tu si tu multiplies un nombre pair par un impair, un pair par un pair et un impair par un impair ?

COMBIEN ?

Rassemble quelques objets, tels qu'un livre, un crayon, une gomme à effacer, une tasse, une paire de chaussures, une cravate, un foulard. Donne-leur un prix. Puis demande à quelques amis de deviner le prix de chaque objet. Note l'écart entre le prix annoncé et le prix que tu as fixé. Prépare des étiquettes avec tes prix et mélange-les : vois alors s'ils retrouvent les bonnes étiquettes. Pour compliquer le jeu, indique la valeur des marchandises dans une monnaie étrangère et vois s'ils s'en sortent !

Trouve la liste des taux de change pour différentes monnaies dans un journal. Trouve combien 10 francs vaudraient dans cinq monnaies différentes à une date donnée. Combien de marks allemands et combien de dollars canadiens obtiendrais-tu ?

TOURNE, TOURNE

Si tu tournes trop longtemps et trop vite sur toi-même, tu risques d'avoir le vertige et de tomber à la renverse. Heureusement, cela ne t'arriveras pas avec les bricolages ci-dessous !
Essaye le moulin à vent un jour calme et un jour de vent, tu pourras constater la différence.
L'hélicoptère se comportera différemment selon la hauteur d'où tu le lances, et selon le vent.
Il y a beaucoup d'autres vrilles à inventer – alors, laisse aller ton imagination.

COULEUR

L'Anglais Sir Isaac Newton a découvert que la lumière blanche se fractionne en sept couleurs.
Il a montré que si tu peins les couleurs de l'arc-en-ciel sur une carte que tu fais tourner, elles se mélangent entre elles pour faire du blanc. Tu peux essayer de le faire toi-même.

Pour faire une vrille colorée, prends un carton rond de huit centimètres de rayon (distance du centre du cercle au bord). Divise-le en sept quartiers plus ou moins égaux.

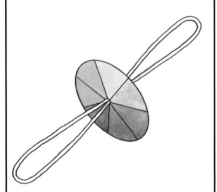

Colorie-les en rouge, orange, jaune, vert, bleu, indigo et violet.
Fais deux trous dans la carte où tu passes une ficelle dont tu attaches les extrémités. Tu l'entortilles sur elle-même jusqu'à ce qu'elle soit bien serrée, et tu tires tes mains vers l'extérieur.
Observe ce qui se passe.

VRILLES DE COULEUR

Tu peux te préparer un certain nombre de vrilles de différentes couleurs.

Tu partages les cercles en deux et tu les colories moitié bleu, moitié vert.

Tu mets un crayon ou une ficelle au centre. Observe ce qui se passe quand la carte tourne. Essaye d'autres combinaisons de couleurs, et note ce qui se passe.

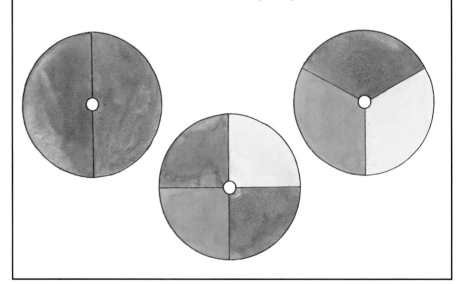

HÉLICOPTÈRE DE PAPIER

Tu peux fabriquer ton propre hélicoptère avec un morceau de papier.

Coupe le papier comme indiqué, ajoute un trombone et laisse-le tomber. Tu peux ajouter un autre trombone si tu as quelques problèmes de fonctionnement. Le poids aide à équilibrer l'hélicoptère.

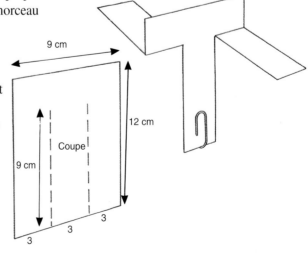

JEUS

Beaucoup de jeux peuvent être créés avec des hélices.

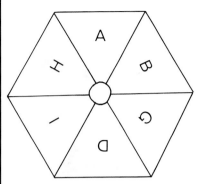

Coupe un carton avec six côtés égaux. Divise-le en six parties et inscris une lettre sur chaque. Enfile un crayon ou une allumette usée au milieu.

Fais tourner la roue et regarde où elle s'arrête. Demande à quelqu'un de te donner un mot de deux lettres qui commence par cette lettre. Tourne encore, mais cette fois il faut un mot de trois lettres, et ainsi de suite. Le jeu s'arrête dès que tu ne trouves plus de mots avec le bon nombre de lettres.

Tu peux aussi jouer avec des chiffres. Les sections sont numérotées de un à six. Prends deux hélices et multiplie les deux nombres ensemble. Jouez chacun dix fois et voyez qui a le meilleur score à la fin.

LEQUEL TOURNE LE MIEUX ?

Compare tes hélices pour voir laquelle fonctionne le mieux. Choisis des cercles de différentes tailles et aussi des bâtons. Tu les mélanges et tu les essaies. Par exemple, un grand bâton et un petit cercle fonctionnent-ils mieux qu'un petit bâton et un grand cercle ?

Essaye d'autres formes comme des carrés et des triangles. Fonctionnent-elles aussi bien que les cercles ?
Quand tu auras fini, sers-toi de tes résultats pour construire l'hélice la plus performante et vérifie combien de temps elle peut tourner.

L'ÉOLIENNE

Les éoliennes sont utilisées aujourd'hui pour fournir de l'énergie aux générateurs qui produisent de l'électricité.
Les pales qui tournent au vent sont rattachées à l'arbre de transmission qui fait tourner la turbine.

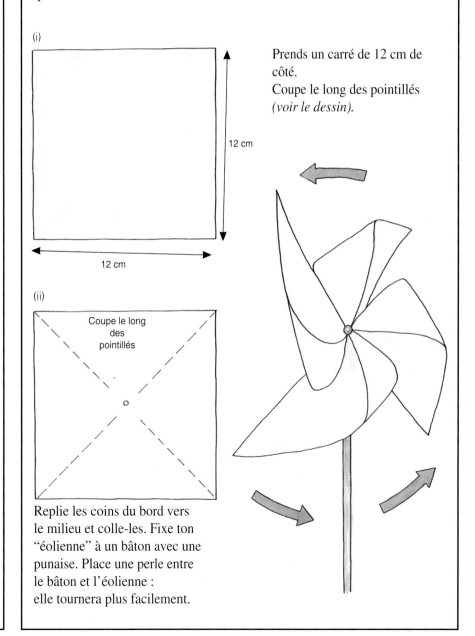

(i)

12 cm

12 cm

Prends un carré de 12 cm de côté.
Coupe le long des pointillés *(voir le dessin).*

(ii)

Coupe le long des pointillés

Replie les coins du bord vers le milieu et colle-les. Fixe ton "éolienne" à un bâton avec une punaise. Place une perle entre le bâton et l'éolienne : elle tournera plus facilement.

CONSTRUCTIONS

Si tu grimpes au sommet d'une tour, ou que tu te tiens sur un pont bien au-dessus des arbres et des immeubles, tu as en général une vue à des kilomètres à la ronde. Certaines tours ont d'ailleurs une terrasse au sommet d'où l'on a la meilleure vue. Si tu prends des jumelles, tu verras encore plus loin qu'à l'œil nu.

TOURS

Une tour est une grande construction carrée ou circulaire, qui peut faire partie d'un autre édifice. L'église de ton quartier, par exemple, peut avoir un clocher ou un château, des tours d'observation. Il est très important que les tours soient solides pour ne pas s'écrouler. Autrefois, on les construisait en pierre et en brique, mais de nos jours, on utilise beaucoup de matériaux, y compris le béton et l'acier.

Il te sera assez facile de construire une tour soit avec des journaux roulés, soit avec des pailles *(vois en haut de la page suivante)*. Quand tu construis une tour, souviens-toi que cette forme :

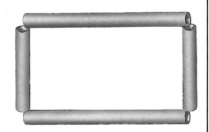

n'est pas aussi solide que celle-ci :

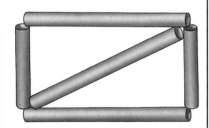

Le plan final doit être solide mais en même temps, il doit être aussi léger que possible et stable.

LES PLUS HAUTES TOURS

On construit continuellement des tours de plus en plus hautes. Pendant longtemps, l'Empire State Building est resté le plus haut bâtiment dans le monde, avec ses 381 m. La tour Sears à Chicago a 110 étages pour 443 m de haut. L'émetteur radio à Plock en Pologne s'élève à 646 m au-dessus du sol ! Une des plus grandes constructions en Grande-Bretagne est la tour des Télécommunications qui dépasse juste les 190 m de haut. La tour de la Radio et Télévision à Berlin, 130 m de haut, est appelée le Bloc, et est devenue une des images de marque de la cité. La tour du CN à Toronto, au Canada, s'élève à 550 m et possède son restaurant tournant au sommet.

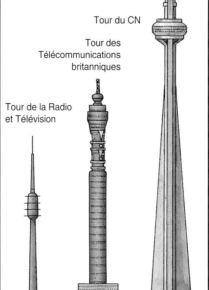

Tour du CN

Tour des Télécommunications britanniques

Tour de la Radio et Télévision

LES PREMIÈRES TOURS

La tour de Pise en Italie fut construire en 1174. Malheureusement, elle a été érigée sur un terrain mou et dangereux et elle commença à s'affaisser. Les bâtisseurs essayèrent de corriger l'angle de la construction sans succès. Elle mesure 55 m de haut, et est à environ 5 m de son alignement.

Tour de Pise

Tour Eiffel

La tour Eiffel à Paris fait 320 m de haut et a été conçue pour l'Exposition universelle de 1889. C'est une construction impressionnante, qui attire beaucoup de touristes. En 1909, il a été question de la démolir, elle a été sauvée à la dernière minute. Le haut de la tour est réservé à une station météo.

CONSTRUIRE UNE TOUR

Prends un paquet de pailles et vois jusqu'où tu peux monter une tour. Souviens-toi qu'il te faut utiliser des structures triangulaires pour faire une tour plus solide. Vérifie que la base est stable et que les pailles sont bien jointes. Tu peux arriver à ce résultat en fixant les pailles ensemble à l'aide de cure-oreille que tu glisses à l'intérieur.

Quand tu as fini, teste la solidité de ta construction en soufflant dessus. Tient-elle debout ou non ? Tu peux aussi voir quel poids elle peut supporter.

Place tes poids un par un avec soin, sinon la tour s'écroulera.

Si tu ne peux pas trouver de pailles, fabrique alors ta tour en roulant du papier journal. Utilise toujours la forme triangulaire pour construire ta tour encore plus haut.

PONTS

Tu peux aussi essayer de construire un pont. Le Golden Gate à San Francisco, É.-U., est un pont suspendu. Fais-en un aussi en coupant deux tours en balsa (bois très léger) que tu relies avec deux cordes sur le dessus.

Ensuite, tu noues les extrémités des ficelles de même longueur à chaque corde. Quand tu as fini, tu dois glisser une planche de bois ou un carton épais sur ces ficelles pour terminer le pont.

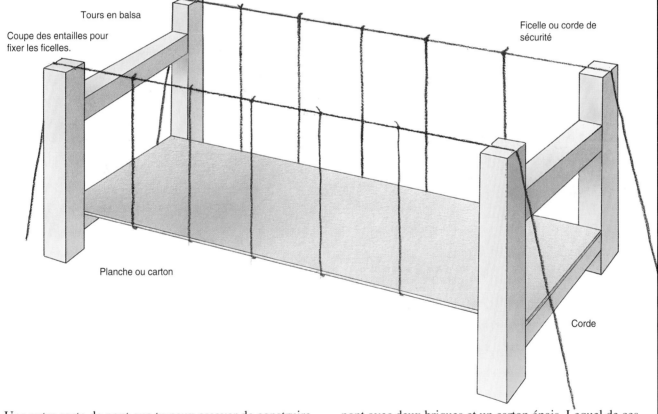

Tours en balsa

Coupe des entailles pour fixer les ficelles.

Ficelle ou corde de sécurité

Planche ou carton

Corde

Une autre sorte de pont que tu peux essayer de construire est un pont à travée unique. Fabrique une travée dans un morceau de carton en forme d'arc. Ensuite, fais un autre pont avec deux briques et un carton épais. Lequel de ces deux ponts est le plus solide ? Tu peux le vérifier en plaçant différents poids dessus.

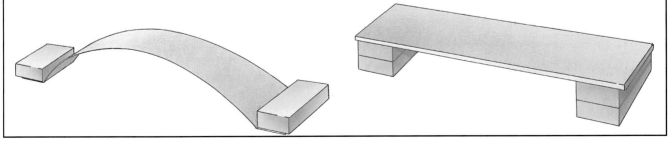

RELIEF

Tu peux faire des économies en offrant les cartes, les masques et les lunettes que tu réaliseras d'après les modèles suggérés sur ces pages.

Une fois que tu maîtrises bien la technique de découpage, crée tes propres modèles.

CARTE EN MOUVEMENT

Voici une carte très simple à réaliser.

1. Il te faut un carton mince de 30 sur 20 cm que tu plies en deux.
2. Ouvre-le et replie le haut comme sur le dessin.
3. Dessine une image, par exemple une tête. Laisse sécher.
4. Découpe autour de la tête.
5. Replie-la ; quand tu vas l'ouvrir la tête sortira.

DÉCOUPAGES

Prends un carton de 20 sur 30 cm et plie-le en deux dans le sens de la longueur.

Dessine une des formes ci-dessous. Vérifie que tu as bien dessiné loin du pli.

Coupe la forme et colorie-la. Elle se tiendra debout si tu la plies par le milieu.

FENÊTRES

Les cartes-fenêtres sont très amusantes. Prends deux cartons fins de la même taille que tu plies en deux.

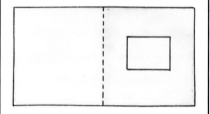

Dessine un carré ou un rectangle au milieu d'un des cartons.

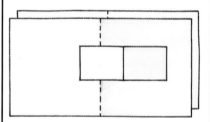

Découpe sur trois côtés. Colle les deux cartons ensemble et plie le rabat.

Décore la fenêtre ou dessine quelque chose d'insolite.

TÊTES HAUTES

Prends un carton de 30 sur 20 cm que tu roules en forme de tube.

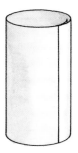

Colle les côtés. Décore le devant du tube avec un visage et ajoute des oreilles et un nez.

Maintenant, découpe un chapeau dans du carton mince, avec une patte vers le haut.

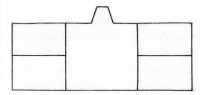

Plie le chapeau et enfile-le dans le tube.

Quand tu tires sur la patte, le chapeau sort. Tu peux essayer de faire un serpent magique ou un clown.

MASQUES

Les masques sont faciles à faire et, à partir d'une idée très simple, tu peux créer le meilleur effet.

Coupe une bande de 60 cm de long et de 5 cm de large dans du carton. Place-la autour de ta tête et ajuste-la. Colle en ayant pris soin de ne pas couper ton carton trop petit.

Maintenant, coupe un morceau de 40 cm de long sur 5 cm de large que tu fixes au-dessus de ta tête.

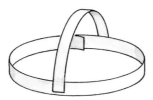

Coupe un carton de 20 cm sur 8. Fais deux trous pour les yeux et une découpe en V pour le nez.

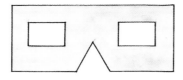

Décore ton masque avec du carton, des plumes, de la peinture, des graines ou du papier gommé.

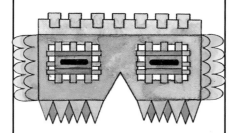

Adapte le masque au cercle et essaye-le.

CARTES EN RELIEF

Une forme découpée se déploie dans les cartes en relief quand tu les ouvres. Prends deux morceaux de carton ou de papier de 20 cm sur 30 et plie-les en deux. Sur un des papiers, trace un trait de 6 cm à partir du milieu du côté plié.

Coupe-le en vérifiant bien que tu le fais à partir du côté plié.

Tiens le papier dans ta main et plie les deux côtés pour former deux triangles. Pousse les triangles à l'intérieur. Ils forment maintenant une bouche. Dessine alors le visage ou l'animal à partir de la bouche. Colle le deuxième carton derrière et décore-le.

SURPRISES VOLANTES

Le premier ballon à air chaud pouvant transporter des passagers a été lâché en France en 1783 par les frères Montgolfier.

Il parcourut environ huit kilomètres et était fait en lin. Voici quelques surprises volantes que tu pourras faire toi-même.

FABRICATION D'UN PARACHUTE

1. Prends un papier fin carré de 15 cm de côté.

2. Coupe quatre morceaux de cordonnet de 15 cm de longueur.

3. Fixe les morceaux de cordonnet

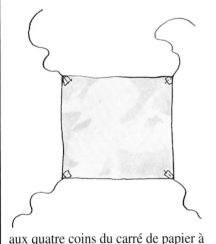

aux quatre coins du carré de papier à l'aide de ruban adhésif ou de colle.

4. Réunis les quatre extrémités des cordonnets au moyen d'un peu de pâte à modeler.

5. Jette ton parachute dans l'air et regarde-le descendre.

Essaye différents matériaux pour la voilure, comme un vieux mouchoir, et aussi plusieurs poids.

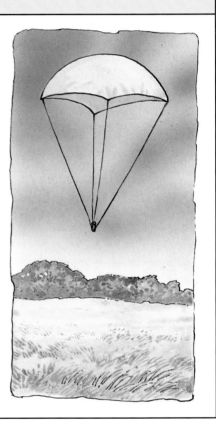

HÉLICOPTÈRES

Le premier hélicoptère moderne a été conçu en 1930. Aujourd'hui, on utilise les hélicoptères aussi bien pour le transport des animaux blessés ou malades que pour le sauvetage en montagne ou en mer ou encore pour le rassemblement des troupeaux. Pour fabriquer un hélicoptère, prends un bâtonnet que tu piques dans une carte carrée. Plie-la. Lance ton hélicoptère en le faisant tourner et regarde-le tomber.
Lance-le aussi un jour de vent, tu verras ce qui va se passer.

GRAINES

Les graines de sycomore fonctionnent comme les pales d'un hélicoptère. Elles tournent sur elles-mêmes en tombant au sol et peuvent être maintenues longtemps en l'air par le vent.
Les graines de pissenlit flottent

comme des parachutes jusqu'au sol.

AVIONS EN PAPIER

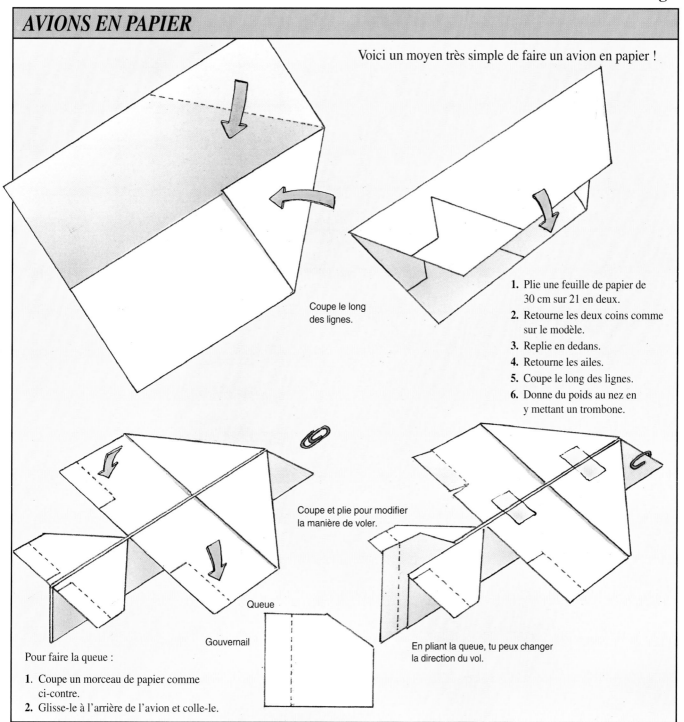

Voici un moyen très simple de faire un avion en papier !

Coupe le long des lignes.

1. Plie une feuille de papier de 30 cm sur 21 en deux.
2. Retourne les deux coins comme sur le modèle.
3. Replie en dedans.
4. Retourne les ailes.
5. Coupe le long des lignes.
6. Donne du poids au nez en y mettant un trombone.

Coupe et plie pour modifier la manière de voler.

Queue

Gouvernail

En pliant la queue, tu peux changer la direction du vol.

Pour faire la queue :

1. Coupe un morceau de papier comme ci-contre.
2. Glisse-le à l'arrière de l'avion et colle-le.

CONCORDE

Le Concorde a volé pour la première fois le 2 mars 1969. Il se déplace à deux fois la vitesse du son et peut voler de Londres à New York en moins de trois heures, alors que le temps habituel pour un vol de ligne est d'environ huit heures. Le Concorde a été dessiné pour couper l'air en opposant une résistance minimum au vent et la forme de ses ailes est favorable au vol à grande vitesse. Au moment de l'atterrissage ou du décollage, le nez s'abaisse pour que l'avion ait une poussée suffisante pour décoller ou atterrir.

Concorde II sera plus léger et consommera moins de carburant. Il aura une plus grande autonomie et transportera plus de gens.

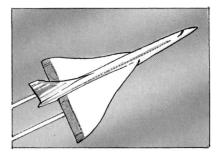

TRÉSORS CACHÉS

RESSEMBLANCE

Lequel de ces avions peut être construit avec le matériel reproduit ?

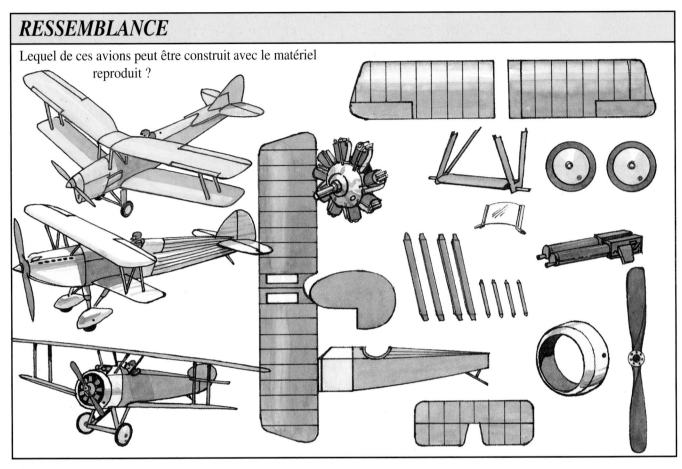

PROBLÈME DE LOCAUX

Peux-tu aider la directrice de cette école ? Toutes les classes doivent être dans des salles séparées, et elle ne peut construire que quatre murs droits. La classe du milieu doit être carrée.

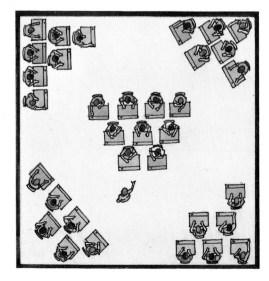

TOUS LES MÊMES ?

Lesquels de ces galions sont exactement **les mêmes** ?

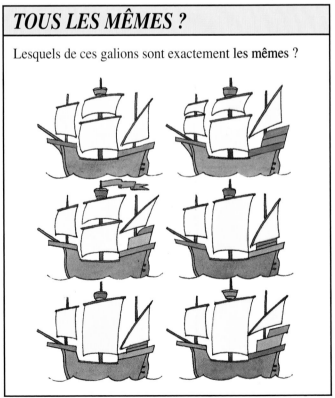

LE TRÉSOR DU CAPITAINE BLACKHEART

Jacques et Christine fouillaient le grenier de leur arrière grand-père. La maison avait appartenu au capitaine Blackheart, l'abominable pirate, dont on n'a jamais retrouvé le grand trésor. Jacques regardait fixement la mer se briser sur la côte sauvage et accidentée quand Christine poussa un grand cri.

Elle avait trouvé une vieille malle de marin. Parmi les vieux vêtements, il y avait un sabre d'abordage, un étrange compas et un vieux papier déchiré. Quand Christine souleva le papier, il tomba en morceaux. Elle regarda avec beaucoup d'attention ce papier à l'écriture effacée par le temps et sursauta en découvrant la signature.

Alors que Christine essayait de réunir les pièces du papier, Jacques faisait de l'escrime avec le sabre. Soudain, la poignée se détacha du sabre et Jacques hurla. À l'intérieur, il trouva un vieux papier jauni. Il déplia alors le papier avec précaution. Jacques et Christine se regardaient avec étonnement. Étaient-ils sur le point de découvrir la cachette du trésor du capitaine Blackheart ? Peux-tu les aider ?

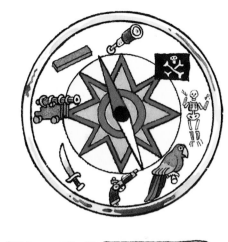

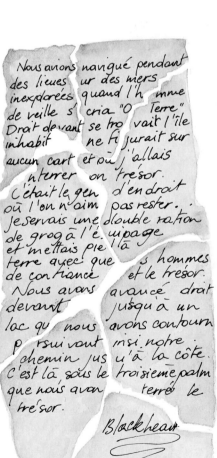

Nous avons navigué pendant des lieues ur des miers inexplorées quand l'h mme de veille s' cria "O Terre" Droit devant se tro vait l'île inhabit ne fi jurait sur aucun cart et où j'allais nterrer on trésor. C'était le gen d'endroit où l'on n'aim pas rester... Je servais une double ration de grog à l'é. uipage et mettais pie là terre avec que s hommes de con fiance et le trésor. Nous avons avancé droit devant jusqu'à un lac qu nous avons contourn p rsui vant insi notre chemin jus u'à la côte. C'est là sous le troisième palm que nous avon terré le trésor.

Blackheart

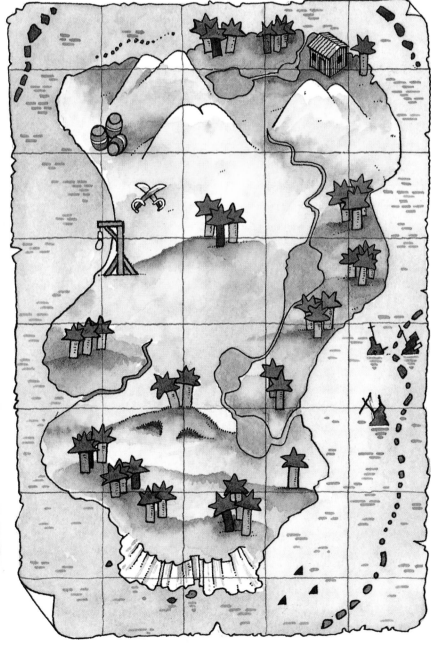

SOURCE D'ÉNERGIE

Les Chinois ont été les premiers à utiliser les fusées. Une fusée fonctionne en brûlant du combustible qui produit des gaz. Les gaz sont repoussés à l'arrière de la fusée, ce qui la pousse en avant. Le combustible utilisé pour propulser la navette spatiale Apollo dans l'Espace pesait autant que 70 énormes camions !

Il te faut peu de choses pour réaliser les modèles ci-dessous.

VROUM !

Tu peux faire un moteur à réaction. Tu as besoin d'un ballon, de deux chaises, d'un peu de corde ou de ficelle, de deux rouleaux vides de papier hygiénique, d'un bouchon de contenant de liquide à vaisselle ou d'une pince à dessin, de quelques morceaux de carton et de ruban adhésif.
Coupe deux mètres de ficelle. Gonfle le ballon et fixe le bouchon ou la pince à dessin au bout. Vérifie que l'air ne s'échappe pas du ballon. Colle les cartons et rouleaux comme sur le dessin. Attache la corde entre deux chaises et tends-la bien. Quand tu es prêt, enlève la pince ou le bouchon du ballon pour que l'air puisse s'échapper.

Regarde bien ce qui se passe alors que ton engin se déplace sur la corde. Tu peux refaire l'expérience à d'autres endroits.

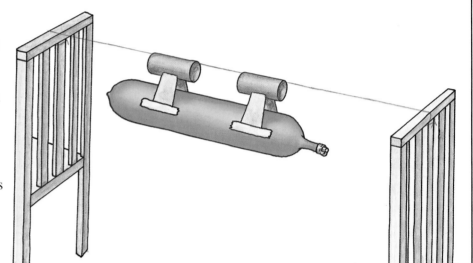

GLISSADE

Si tu aimes la voile, tu vas sûrement aimer cette expérience. L'énergie de ton bateau viendra du vent.

Trouve un morceau de polystyrène et coupe-le en forme de bateau. Fais un petit trou au centre, en faisant attention de ne pas percer complètement, sinon ton bateau coulerait !
Place un bâton souple pas trop long (balsa ou canne à pêche) dans le trou, et attache une voile de papier fin. Pose ton bateau sur l'eau dans le lavabo ou la baignoire et souffle dessus. Va-t-il vite ?
Si tu trouves un petit morceau de camphre et que tu l'attaches à l'arrière du bateau, ce dernier avancera tout seul.
Tu peux même essayer dans un bassin s'il y en a un près de chez toi. N'oublie pas de te faire accompagner par un adulte et d'être très prudent.

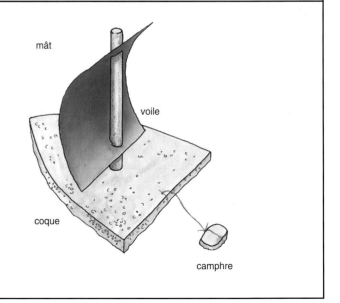

mât

voile

coque

camphre

CLAPOTIS

Voici un pédalo tout simple à réaliser. Coupe ta forme dans du balsa. Fixe un élastique à une petite pièce de bois. Installe la pédale au milieu du trou et fixe l'élastique au dos du bateau avec deux punaises. Enroule l'élastique sur lui-même jusqu'à ce qu'il soit bien tendu. Mets ton pédalo dans l'eau et laisse-le aller. S'il recule, c'est que ton élastique n'est pas enroulé dans le bon sens.

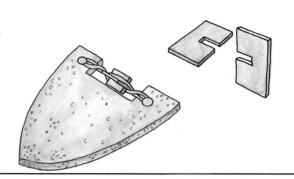

CHARIOT

Deux autres véhicules faciles à réaliser.

Trouve un petit carton et colle quatre petits carrés de carton solide aux coins. Il te faut quatre bobines de fil et deux baguettes souples. Tu enfiles une bobine sur chaque baguette et tu la fixes avec de la pâte à modeler pour l'empêcher de tomber. Tu mets ensuite ces baguettes dans les trous et tu termines en ajoutant la deuxième bobine à l'avant et à l'arrière. Maintenant, comment fonctionne ton nouveau véhicule ?
Mets-le dans une pente.

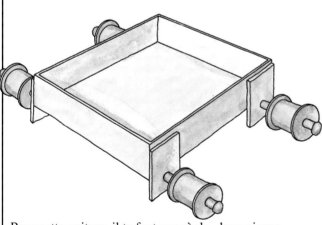

Pour cette voiture, il te faut une règle, deux pinces à dessin, quatre bobines de fil et deux baguettes. Installe le tout comme sur l'illustration et glisse les roues.

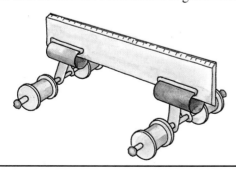

UN VRAI TANK

Tu as besoin d'une bobine, d'un élastique, de deux allumettes usées et d'une rondelle de bougie. Demande à un adulte de la couper.

Glisse la moitié d'une allumette dans l'élastique, puis fais passer cet élastique dans la bobine. De l'autre côté de la bobine, tu passes l'élastique dans la rondelle de la bougie puis autour de l'autre allumette.

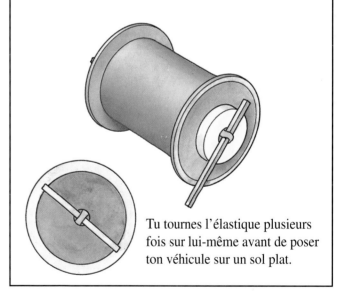

Tu tournes l'élastique plusieurs fois sur lui-même avant de poser ton véhicule sur un sol plat.

TEST

Installe une pente avec une planche de bois et quelques livres.

Comment tes véhicules réagissent-ils ?

Lequel est le plus lent, lequel est le plus rapide ?

MÉMOIRE

Comment va ta mémoire ? Te souviens-tu de ce que tu as mangé hier soir et la semaine dernière ? Fais le test ci-dessous. Tu trouveras quelques idées pratiques pour t'aider à ne rien oublier.

Tu pourras en apprendre sur quelques mystères non résolus du passé, comme le cas du Dr Mitchell et la fille soumise, ou le navire abandonné, le Marie Céleste.

QU'EST-CE QUE LA MÉMOIRE ?

Ton cerveau contient des millions de neurones. Ce sont de minuscules cellules nerveuses qui transmettent et reçoivent des impulsions électriques. Le centre de contrôle de toutes ces activités est le système nerveux central, qui est ton cerveau et ta moelle épinière. Les os de ta colonne vertébrale protègent ta moelle épinière.

La partie gauche de ton cerveau s'occupe principalement du langage, des faits et des figures, alors que le côté droit est plus concerné par la musique, les arts et la couleur. Le cerveau classe et emmagasine les choses que tu as vues, entendues, senties et goûtées. C'est ta mémoire.

TESTE TA MÉMOIRE

Arrête-toi un moment et vois ce dont tu te souviens à propos d'hier. Qu'as-tu fait entre le moment du lever et l'heure du coucher ? Qu'as-tu mangé ? Écris ce dont tu te souviens.

Maintenant, pense à la semaine passée. Peux-tu te souvenir de ce que tu as fait ? Où étais-tu et avec qui étais-tu ?

Retourne une année en arrière. Ce sera sûrement plus difficile. Que faisais-tu il y a un an ? Était-ce quelque chose de spécial ?

RETOUR DANS LE PASSÉ

Des choses étranges se sont produites dans le passé.

Prends le cas du Marie Céleste, qui est un navire à deux mâts trouvé en mer complètement désert. Il y avait de bonnes réserves d'eau et de nourriture à bord, et dans la cabine du capitaine, la table était prête pour le petit déjeuner. C'était comme si le navire avait été abandonné brutalement.
L'explication officielle est que l'équipage avait assassiné le capitaine et sa famille. Mais il n'y avait aucune trace de lutte. Certains ont dit que l'équipage avait été aspiré par un vent terrible tandis que d'autres pensent que quelque chose avait surgi de l'eau et emporté l'équipage.

Voici une autre histoire mystérieuse.

C'était un soir d'hiver, au siècle dernier, quand un Américain, le Dr Mitchell, s'installa devant le feu après une journée de travail. Soudain, on sonna à la porte, une pauvre fille très maigre se tenait là. Elle lui parla de sa mère malade qui avait besoin de lui. Le docteur se rendit immédiatement chez cette femme et lui donna les meilleurs soins. Il lui dit que sa fille était brave. La femme le regarda et lui dit : "Mais, ma fille est morte il y a un mois, docteur. Son châle et ses chaussures sont dans le placard." Le docteur regarda et les trouva là, secs et chauds. Il se retourna pour voir la fille, mais il n'y avait personne.

LE TEST DU PLATEAU

C'est un bon **moyen pour** voir si ta mémoire à court terme est efficace.

Place dix objets **sur un plateau** et recouvre-le avec un linge. Mets le plateau **devant tes amis**, enlève le linge 30 secondes. Demande-leur **de se souvenir** de tout ce qu'ils voient sur le plateau. Après 30 secondes, recouvre-le de nouveau et demande-leur de dire ce qu'il y avait sur le plateau. Change les objets et mets-en 20. Vois combien ils pourront en mémoriser cette fois. Et toi, peux-tu te souvenir des 20 objets ?

LISTES

Rédiger des listes **peut être une** bonne idée. Cela **peut t'aider, si** le matin tu établis une **liste de choses** à exécuter par ordre **d'importance**. Au fur et à mesure, **tu barres ce que** tu as fait. Si tu as **de la chance, tu** n'auras plus rien à **accomplir le** soir.

Tu peux te souvenir **de ce qui est** sur une liste. Essaye...

Prends une liste de choses. **À partir** de la première lettre de **chaque mot**, pense à une image inhabituelle dans ta tête, commençant par **la même** lettre. Par exemple, si **tu sais que** tu dois acheter du poulet, **le mot** pourrait être pompier. L'image dans ta tête sera alors un poulet **coiffé** d'un casque de pompier.
Essaye avec une liste de **25 choses** et compte le nombre d'objets **dont** tu te souviens.

Liste des choses à faire :

1. *Rendre à Jean l'argent que je lui dois*
2. *Recoller les roues de ma maquette de voiture*
3. *Collectionner les auto-collants*
4. .

JEU DE NOMS

Fais une série d'étiquettes avec le nom de personnages célèbres. Accroche chacune des étiquettes dans le dos de tes amis en t'assurant qu'ils ne voient pas ce qui est écrit sur leur étiquette. Ils doivent découvrir qui ils sont en posant des questions auxquelles on répond par oui ou non.

SOUVIENS-TOI !

As-tu jamais essayé de te souvenir le soir de ce que l'on t'avait dit en tout premier le matin ? Cela peut être très difficile. As-tu une bonne mémoire des noms et des visages ? Sais-tu comment travaille ta mémoire ? Voici quelques notions pour t'aider à entraîner ta mémoire et pour t'expliquer comment elle travaille. Si tu as peur d'oublier quelque chose d'important, il existe des trucs mnémotechniques. Tu pourras lire plus bas quelque chose au sujet d'un surprenant exploit de la mémoire.

COMMENT FONCTIONNE TA MÉMOIRE ?

Tu emmagasines des informations dans ton cerveau où elles sont mémorisées de quatre manières. La mémoire sensorielle ne retient l'information que quelques secondes. La mémoire à court terme fixera environ sept détails en même temps, mais les oubliera en 30 secondes. Certaines choses seront transportées vers la mémoire à moyen terme. Tu peux avoir besoin de te souvenir du nom de quelqu'un pendant un certain temps, alors il ira dans ce compartiment. La quatrième région

est la mémoire à long terme qui retient les informations pendant des années.

NOMS, VISAGES ET NOMBRES

As-tu la mémoire des noms et des visages ? Regarde ces visages et ces noms. Va à la fin du livre et regarde les cinq visages. Peux-tu leur mettre un nom à chacun ?

Jean Blois   Brigitte Bataille   André Lefèvre   Lisa Richard   Martin Dubreuil

Pierre Jalbert   Sylvie Wagner   Georges Richer   Denis Bourg   Rose Verdi

Essaye de te souvenir des six nombres suivants. Regarde-les pendant quelques minutes et referme le livre.

764 87965	121 90909	343 23232
432 18359	198 00563	100 00011

Quel était le plus facile à mémoriser ?

ENCHAÎNEMENT

Tu peux t'entraîner à te souvenir de noms, de listes et d'informations. Une façon de le faire est l'enchaînement d'idées par la création d'images dans ton esprit.

Si tu veux te souvenir d'une liste de courses, essaye de fabriquer dans ta tête une image très nette de chaque détail de la liste. La première chose sur la liste est peut-être du détergent. Imagine-le qui flotte dans l'air. Maintenant, relie cette image à la chose suivante, un chapelet de saucisses. Le détergent peut recouvrir les saucisses. Quand toutes les choses sont reliées, regarde si tu te souviens de tout. Si tu as oublié quelque chose, reviens juste à cet endroit dans l'enchaînement.

RESTER EN FORME

Tu peux améliorer ta capacité intellectuelle en t'intéressant à tout, et en t'assurant que tu es attentif. Tu dois te concentrer sur ce que tu fais et, si tu ne comprends pas quelque chose, le revoir jusqu'à ce que ce soit clair. Il faut exercer ton intelligence si tu veux l'améliorer.

ENTRAÎNE TA MÉMOIRE

Il y a de nombreuses astuces et quelques techniques pour t'aider à perfectionner ta mémoire. Si tu penses que tu risques d'oublier quelque chose, écris-le sur un papier ou fais un nœud à ton mouchoir. Tu dois te donner des repères visuels. Si tu as quelque chose en tête le soir au moment où tu te couches, déplace un objet dans ta chambre – une chaise ou une décoration par exemple. Le matin, cet objet éveillera ta mémoire.

Une bonne astuce est de changer la place d'une chose que tu portes toujours sur toi. Change une bague de doigt, ou ta montre de poignet. En regardant ta main ou ton poignet ta mémoire sera stimulée !

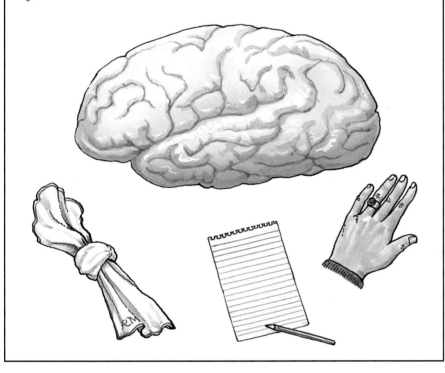

MNÉMONIQUES

Les mnémoniques sont des rimes qui nous aident à nous souvenir de certaines choses.
On doit ce mot à Mnemosyne, la déesse grecque de la mémoire.
Il y a beaucoup de mnémoniques avec des rimes comme :

"Le chapeau de la cime
est tombé dans l'abîme."
D'autres utilisent la première lettre de chaque mot : "Monsieur, Vous Tirez Mal : Je Suis Un Novice Pitoyable."
(Mercure, Vénus, Terre, Mars, Jupiter, Saturne, Uranus, Neptune, Pluton.)

On se sert des initiales pour se souvenir de listes ou de faits. Tu peux essayer de créer de drôles de mots avec les initiales des mots que tu ne veux pas oublier.

N'OUBLIE PAS

Platon, le philosophe grec, comparait l'esprit à un morceau de cire. En vivant les choses, la mémoire fait une empreinte dans la cire. Éventuellement les souvenirs sont effacés et disparaissent. Souvent tu oublies des choses parce

que tu n'es pas concentré ou que tu te laisses distraire. Quand tu rencontres quelqu'un pour la première fois, tu dois faire un effort pour savoir qui est cette personne.

Il faut aussi que tu sois attentif à ne pas oublier de vieilles informations au profit de nouvelles. Cela arrive quelquefois quand les deux choses sont étroitement liées.

La légende veut que les éléphants n'oublient jamais rien. Personne ne sait vraiment d'où vient cette idée. Une des explications pourrait être qu'en Inde on dit qu'un éléphant reconnaît toujours son maître.

UN LONG POÈME

À huit ans, E. Tichener pouvait mémoriser un poème de 244 vers. Il se souvenait de ce poème 52 ans plus tard !

VRAI OU FAUX ?

Il est quelquefois difficile de prouver ce qui est vrai et ce qui est faux. Si c'est vrai, on dit que c'est un fait. Si c'est faux, on dit que c'est une fiction. Les ovnis et autres événements extraordinaires peuvent être vrais ou faux. Cette page est remplie de faits étonnants et d'histoires. Certaines sont réelles, d'autres sont des fictions. Peux-tu trouver ce qui est vrai, ce qui est faux ?

LA FOLIE DES COURSES

Horatio Bottomley avait eu une idée géniale pour gagner beaucoup d'argent. Il décida de parier sur tous les chevaux engagés dans une course, de s'assurer qu'ils finissent dans le bon ordre et bien sûr d'être propriétaire de tous les chevaux participant à la course.

Il engagea six jockeys qui couraient pour lui et décida de les inscrire à une course en Belgique. La course devait avoir lieu dans une ville du bord de mer connue pour ses dunes de sable. Il donna des ordres à ses jockeys avant le départ. Malheureusement, pendant la course, un épais brouillard se leva sur la côte et tout alla de travers.

Les jockeys s'embrouillèrent et ils terminèrent la course dans le mauvais ordre.

Horatio Bottomley perdit beaucoup d'argent et fut ruiné. Vrai ou faux ?

HISTOIRES VRAIES

Voilà quelques faits au sujet de livres. Trouve ce qui est vrai, ce qui est faux.

1. On a rendu en 1968 un livre à une bibliothèque américaine. Il avait été emprunté en 1823. Vrai ou faux ?
2. Le livre le plus lourd du monde pèse 1 tonne. Vrai ou faux ?
3. C.S. Lewis a écrit *Charlie et la chocolaterie*. Vrai ou faux ?
4. Un des livres les plus vendus au monde est la Bible. Vrai ou faux ?
5. Un des livres les moins vendus au monde – en moyenne, une copie en 139 jours –, a été publié en 1716. Il y en avait 500 copies. Vrai ou faux ?

Comment t'en es-tu sorti ?

RÉEL OU IMAGINAIRE ?

Voici quelques affirmations intéressantes. Lesquelles sont fausses, lesquelles sont vraies ?

1. Les Andes se situent en Asie centrale.
2. L'océan Pacifique est le plus grand océan au monde.
3. La capitale de la Pologne est Varsovie.
4. La plus haute montagne du monde se situe dans les Alpes.
5. New York est au nord d'Helsinki.
6. L'île de Krakatoa en Indonésie a disparu en 1883.
7. Il y a des moulins en Californie, É.-U.

8. Les manchots vivent à l'état sauvage en Indonésie.
9. On pourrait sauver plus de 30 millions d'arbres chaque année en recyclant le papier et en l'utilisant à nouveau.
10. Le mont Everest a 5 km de haut.

VISAGE GRAVÉ

Cela s'est produit il y a environ 20 ans. C'était dans un village espagnol où des choses étranges se passaient. Dans une des maisons du village, un visage apparut sur le sol. C'était un visage souffrant. La famille essaya en vain de l'enlever. On a alors remplacé le carrelage par un sol en ciment, mais le visage réapparut. Les ouvriers creusèrent dans le sol et découvrirent un cimetière sous la maison. D'autres visages apparurent et on enregistra des voix mystérieuses et des bruits dans la pièce. Personne n'a jamais pu expliquer pourquoi cela s'était produit. Vrai ou faux ?

DIFFICILE À EXPLIQUER

Des objets volants non identifiés ou ovnis ont été vus partout dans le monde à travers les siècles. Beaucoup de ces phénomènes ont été expliqués. Cependant, il en reste encore qui sont des mystères. Par exemple, il y a eu le cas de l'objet en forme de disque vu par Kenneth Arnold en 1947. Il survolait Washington en avion, quand il a vu neuf étranges disques volants. Certaines personnes croient que ces ovnis sont des vaisseaux venus de l'espace intersidéral avec des visiteurs d'autres galaxies. Mais certains ont aussi abusé de la crédulité des autres. Il y a eu un cas célèbre où l'on avait envoyé des enjoliveurs en l'air et pris des photos. Cela a trompé de nombreuses personnes qui ont pensé que de nouveaux ovnis avaient été repérés.

LE TOUR DU MYSTÈRE

Un couple qui passait ses vacances au pays de Galles décida de faire un voyage-surprise en car. Or le tour les ramena dans leur ville, Margate. Pour un tour-surprise, ce fut un tour-surprise !

Vrai ou faux ?

POSSIBLE OU NON ?

Les problèmes et les tours peuvent être une véritable épreuve pour l'esprit. Par exemple, certains mots semblent impossibles à dire. Même les images sont quelquefois si confuses et problématiques qu'elles semblent impossibles à comprendre. Regarde les dessins de l'artiste hollandais, M.C. Escher. Au début, ils semblent illogiques, mais peux-tu trouver pourquoi ils sont aussi étranges ?

FORCE DE LA NATURE

D'abord, certains problèmes semblent impossibles à résoudre, mais dès que tu commences à y penser vraiment, tu réalises soudain qu'ils peuvent être résolus.

Dans la nature, il y a des choses incroyables comme l'histoire de ces gorilles dont la force leur permet de tordre des canons de fusils ou encore d'arracher des arbres.

On se souvient de ce groupe de gorilles observés par un explorateur et qui lançait de grosses pierres en l'air en cherchant de la nourriture. Une fois les gorilles partis, l'explorateur n'a réussi à soulever une de ces pierres que de quelques centimètres au-dessus du sol.

Une autre histoire au sujet de la force des gorilles se passait dans le cirque des Ringling Brothers où il y en avait un qui se mesurait à quinze hommes dans une lutte à la corde. Le gorille, dit l'histoire, tira les quinze hommes d'une seule main jusqu'à sa cage.

LA LANGUE QUI FOURCHE

Il y a de nombreuses années que l'on a inventé ces dictons à vous décrocher la mâchoire.
En voici quelques-uns que tu as sûrement déjà entendus, mais peut-être en connais-tu d'autres ?

Alors entraîne-toi bien !

Un chasseur sachant chasser sans son chien est un bon chasseur.

Les chaussettes de l'archiduchesse sont-elles sèches, archi sèches...

Grand, gros, grain d'orge.
Quand te dé-grand, gros, grain d'orge-ras-tu ?
Je me dé-grand, gros, grain d'orge-rai
Quand...

COMBIEN DE GOURMANDS ?

Simon avait un gros sac de 122 bonbons à distribuer le jour de son anniversaire. Sa sœur Sophie les offrit. Quand elle revint, le sac était complètement vide. Sophie qui était bonne en mathématiques, remarqua qu'un tiers des enfants avaient pris deux bonbons, que trois d'entre eux en avaient pris trois, les autres n'en avaient pris qu'un seul. Combien d'enfants étaient présents à l'anniversaire de Simon ?

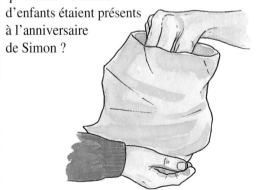

PAUVRE PERSPECTIVE

Aucune partie de ce dessin n'est illogique, cependant dans son ensemble il n'a pas de sens. Pars de la roue à eau et suis l'eau dans les petits canaux jusqu'en haut de la chute. L'eau tombe et fait tourner la roue, puis reprend sa course. Une goutte d'eau peut-elle remonter ainsi du bas de la cascade ? Les deux tours, quant à elles, semblent avoir la même hauteur, cependant l'une a deux étages alors que l'autre en a trois.

Sur cette deuxième image, les statues en bois d'Escher avancent en permanence dans un escalier sans fin.
Le problème est que, bien qu'elles donnent l'impression de grimper, elles sont toujours en bas de l'escalier.
Les statues qui descendent aboutissent finalement toujours en haut !

UN PEU DE MATHS

Il est tout à fait possible de faire des multiplications par neuf en utilisant seulement ses mains. Numérote tes doigts de un à dix en partant de la gauche. Décide par quel chiffre tu veux multiplier neuf, puis plie le doigt qui porte ce chiffre. Ensuite tu comptes combien il te reste de doigts de chaque côté et tu auras la réponse. Par exemple, 9 x 4 = **?**
Plie le quatrième doigt sur ta main gauche. Compte les doigts sur ta gauche (3) et ceux sur ta droite (6).
Réponse : 9 x 4 = 36.

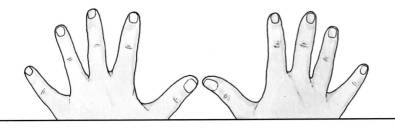

ORIGINE

Peux-tu compléter ces mots en utilisant ton dictionnaire ?

GÉRAN - - -

PISSEN - - -

TOURNE - - -

CHRYSANTHÈ - - -

TU - - - -

DAH - - -

R - - -

GIRO - - -

ŒIL - - -

MUSIQUE ET BRICOLAGE

Faire de la musique est un grand plaisir et tu n'as pas besoin de beaucoup d'équipement pour cela. En fait, tu as probablement chez toi la plupart des choses dont tu as besoin. Tu peux faire des sifflets avec des pailles ou même une guitare avec une boîte de mouchoirs de papier et quelques élastiques. Voici comment !

SIFFLETS ET FLÛTES

Dans l'orchestre, les instruments à vent sont ceux dans lesquels on souffle, comme les flûtes et les hautbois. Tu peux fabriquer facilement ton propre sifflet.

Trouve plusieurs pailles et coupe une de leurs extrémités en pointe. Aplatis cette extrémité et souffle dans ton nouveau sifflet.

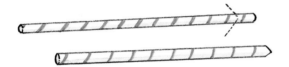

Coupe plusieurs pailles de différentes longueurs et fixe-les avec du ruban adhésif. Ainsi, tu peux fabriquer une flûte de pan.

Trouve un brin d'herbe que tu étires entre tes pouces. Maintenant souffle. Celui-ci vibre et fait un bruit strident.

Tu peux aussi souffler dans une boîte vide, mettre de l'eau dans la boîte et noter la différence. Tu peux changer la hauteur d'une note.

MAÎTRE

Un des musiciens les plus fous vivait en Amérique. Un jour, en concert, le pianiste trouva que la vis de son tabouret avait été trop graissée. Soudain, il se retrouva dans le mauvais sens, tournant le dos au clavier ! Mais ce n'était pas tout... après un certain temps, les touches commencèrent à coller. Il essaya de les enlever en donnant des coups de pied dans le piano, et il tomba.

Il était si énervé qu'on dut le sortir de scène au moment où il voulait se servir d'une hache contre le piano.

GUITARE ET MOUCHOIR DE PAPIER

Récupère un certain nombre d'élastiques assez longs et de différentes épaisseurs. Trouve une boîte de mouchoirs de papier vide, avec une ouverture comme sur le modèle.

1. Coupe deux morceaux de balsa comme tu vois sur le dessin.

2. Colle les pièces de bois solidement sur la boîte.

3. Attache les élastiques autour des petits clous. Il se peut que, pour consolider la boîte, tu aies à coller des bouts de bois aux extrémités.

Essaye des élastiques de différentes épaisseurs.

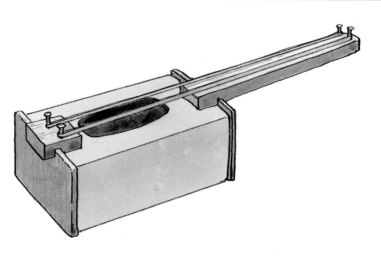

PIZZICATO

Tends des élastiques autour
d'une brique et tu obtiendras
une "brique à cordes".

En utilisant diverses boîtes, tu peux
faire de nombreux instruments. Si tu as
un morceau de bois, plantes-y quelques
clous et tends un élastique entre eux.
Quel son fais-tu ?

Essaye de faire une série d'instruments
avec des sons différents.

Un son très grave peut être obtenu
en utilisant un vieux seau en plastique
ou une cuvette. Retourne le seau ou
la cuvette à l'envers et attache un bâton
au dos. Il faut que tu utilises beaucoup
de ruban adhésif. Fais un trou dans
la cuvette et fixe les cordes.
Fais résonner !

MARACAS

Lave deux pots de yogourt dans
lesquels tu vas mettre dix pois secs.
Fixe les pots ensemble avec
du ruban adhésif et secoue bien fort.
Tu peux ajouter plus de pois ou
utiliser du riz.

Tu peux aussi essayer avec des
boîtes différentes, par exemple une
bouteille de limonade vide ou un
flacon de produit de nettoyage.

L'ORCHESTRE

Eh bien, voilà ! Rassemble tes amis et tes instruments.
Divise ton orchestre, avec d'un côté les instruments à vent,
y compris les bouteilles, flûtes et peignes recouverts d'un
papier de soie. Puis, tu organises les instruments à cordes :
guitares et cordes pincées.

Enfin, pour les percussions, tu penses aux maracas,

et tu peux ajouter les tambours faits de boîtes en fer, ou
de cartons.

Tu pourras toujours imaginer d'autres sons produits par
les pieds et les mains.

En avant la musique !

MESSAGES SECRETS

Il y a plusieurs façons de faire parvenir un message secret à un ami sans que personne n'en sache rien. La méthode la plus sûre est de mettre au point un code entre vous. Si le message arrivait à la mauvaise personne, cette dernière devrait comprendre votre code avant de pouvoir déchiffrer le message.

Voici quelques exemples de codes.

CODES ET CHIFFRES

Il y a des centaines d'années que l'on utilise les chiffres et les codes pour envoyer des messages.

Il y a plusieurs méthodes pour imaginer un code en utilisant des chiffres et des symboles. Un code des plus simples est le suivant :

A=1 B=2 C=3 D=4 E=5 F=6…

Chaque lettre de l'alphabet est numérotée, mais l'utilisation d'une suite de nombres rend le système très vulnérable. Invente plutôt des codes plus complexes. Tu peux aussi utiliser l'alphabet à l'envers, par exemple

A=Z B=Y C=X D=W
E=V F=U G=T H=S…

Facile de découvrir ce système aussi. Pour compliquer les choses, utilise le code à trois lettres qui a été mis au point pendant la Seconde Guerre mondiale.

D'abord tu inverses les lettres

A=Z   B=Y…

Mais, quand tu écris ton message codé, cette fois tu écris non pas des phrases entières, mais des groupes de trois lettres.

Ne t'inquiète pas si tu as une ou deux lettres seulement à la fin.

Tu n'as qu'à ajouter un X ou un O.

Essaye de décoder ce message :

IWE   XVH   LRI   ZFN
FHV   VXO.

ÉTONNANT MONOPOLY

Le Monopoly est apparu sur le marché en 1935 et on estime qu'il y a plus de 250 millions de gens qui y jouent dans le monde.

Une des meilleures histoires sur ce jeu se passe dans un camp de prisonniers pendant la Seconde Guerre mondiale. Les services secrets britanniques avaient glissé des cartes en soie au dos des jeux de Monopoly. Elles indiquaient des plans d'évasion à partir de la prison où le jeu était envoyé. L'argent du jeu était remplacé par de vrais billets du pays où la prison se situait. Ce fut un des moyens de faire entrer des messages secrets dans les prisons. De la disparition de mots on passait à des disparitions de prisonniers !

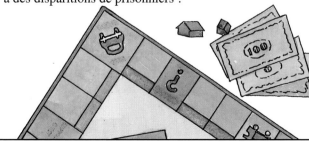

L'ENCRE AU CITRON

Trempe une allumette usée dans du jus de citron pressé et écris ton message sur un papier blanc propre. Laisse sécher et regarde le message disparaître.

Maintenant, avec l'aide d'un adulte, chauffe légèrement le papier au-dessus d'une ampoule ou dans le four et tu verras le message réapparaître.

LA MÉTHODE DE LA CIRE

Frotte une bougie sur une feuille de papier que tu places, face enduite, contre une autre feuille. Écris ton message au dos de la feuille "cirée" en appuyant très fort. Saupoudre la seconde feuille de peinture en poudre et secoue-la.

SEC ET HUMIDE

Mouille une feuille de papier (sans la détremper). Applique une feuille bien sèche dessus. Écris ton message sur ce papier sec. Si tu le tiens mouillé devant la lumière, ton message apparaîtra. Il disparaîtra quand le papier sera sec, et reviendra si il est à nouveau humide.

MORSE

Un des codes invisibles les plus célèbres a été inventé par Samuel Morse. On l'entendait plus qu'on ne le voyait. On l'utilise entre navires. C'est un code international qui consiste à envoyer des messages par télégraphe ou radio en utilisant des suites de points courts et de longs traits. En usage à partir de 1838, il l'est beaucoup moins aujourd'hui du fait de l'évolution technologique et d'inventions comme la radio et les radars.

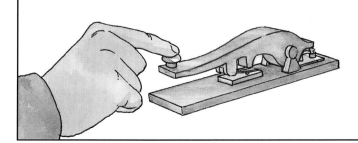

TRÉSOR

Dessine ta carte "au trésor" personnelle en utilisant pour les indices tes propres codes secrets. Donne les indices à tes amis et vois s'ils arrivent à trouver le trésor. Marque quelques points intéressants sur ta carte, pour essayer de troubler quiconque la trouverait.

MESSAGES SECRETS

Pense à toutes les utilisations que tu peux faire de ton code secret. Tu pourrais créer un club secret qui utiliserait ton code, ou tu pourrais faire des essais avec d'autres jus de fruits comme l'orange ou le pamplemousse. Est-ce que l'on a un aussi bon résultat qu'avec le citron ?

ENCORE DES CODES

Dans le fond d'un bunker, il y a un spécialiste des codes secrets. Son travail consiste à résoudre les codes les plus difficiles dans le monde. Peux-tu imaginer un code qu'il ne pourrait pas résoudre ?

Il existe aussi des codes reconnus dans le monde entier. Ceux-là permettent aux gens de communiquer entre eux et de s'envoyer des messages même s'ils sont très loin les uns des autres.

DES CODES

Certains codes sont simples et faciles à utiliser, tandis que d'autres sont particulièrement difficiles à résoudre. Certaines catégories de personnes se servent des codes, la police par exemple a un code qu'elle utilise pour être sûre d'être comprise.

    A-Alpha
    B-Bravo
    C-Charlie
    D-Delta...

Ce système épelle les lettres. Il sert aussi aux pilotes d'avions.

Un autre code est le braille, langage des aveugles. Un ensemble de points représente les lettres de l'alphabet et est lu avec le bout des doigts. Cette écriture a été inventée en 1829 par Louis Braille, aveugle depuis l'âge de trois ans. On édite des livres et des magazines en braille.

Le sémaphore est une sorte de code qui utilise deux repères ou drapeaux. Chaque lettre ou chiffre est représenté par leur position.

RÉBUS

Peux-tu découvrir cette phrase qui nous est transmise avec des images et des mots ?

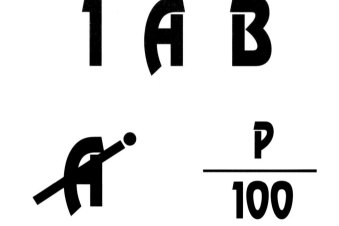

CRYPTOMOTS

Ce code utilise des nombres à la place des lettres. Essaye de trouver le sens de ces messages. Avec ce système, rédige quelques messages et transmets-les à un ami pour qu'il les découvre. Bien sûr, tu peux lui donner le code, ou le laisser tenter sa chance sans aucune aide.

48 ; 44 ; 16 ; 14
42 ; 52 ; 48 ; 36 ; 30 ; 44
48 ; 52 ; 16 ; 16 ; 44 ; 14 ; 44 ; 14 ; 44

52 ; 16 ; 16 ; 44 ; 2

UTILISATION DES SYMBOLES

Jules César était souvent loin de chez lui, en campagne pour de nouvelles conquêtes pour son empire. Il avait besoin de rester en contact ; mais, comme il ne voulait pas écrire publiquement, il inventa un code.

C'était un code de substitution pas très compliqué qui fonctionnait ainsi : il écrivait l'alphabet, puis en dessous il l'écrivait en commençant par la troisième lettre comme ceci :

A B C D E F G H I J K L M N O P Q R S T U V W X Y Z

C D E F G H I J K L M N O P Q R S T U V W X Y Z A B

Pour écrire une lettre, il utilisait la deuxième version. Si le message était "Nous avons gagné", il écrivait :

P Q W U   C X Q P U   J C J P G .

(L'alphabet romain n'a pas les lettres J, K, W et Y, mais le code est plus pratique avec ces lettres.)

Ce code est facile à déchiffrer parce que les lettres restent groupées, et on repérera vite les mêmes lettres qui réapparaissent.

Ce code avait été mis au point par un Italien, Giovanni Giambattista della Porta. Il évite le problème des lettres qui reviennent toujours. Il a écrit l'alphabet de quatre manières différentes, en les numérotant.

1. A B C D E F G H I J K L M
N O P Q R S T U V W X Y Z

2. A C E G I K M O Q S U W Y
B D F H J L N P R T V X Z

3. M L K J I H G F E D C B A
Z P R T V X O Y W U S Q N

4. M S K I Q G R P E O C N A
T L U J V H W F X D Y B Z

Pour utiliser ce code, écris un message. Prends le premier mot, et écris-le avec le premier alphabet, le deuxième mot avec le deuxième alphabet, et ainsi de suite jusqu'au quatrième et tu reviens au premier alphabet pour le cinquième mot.

CODES NÉCESSAIRES

Peux-tu trouver comment représenter les autres lettres de l'alphabet dans ces codes ?

Langage des signes   Code sémaphore

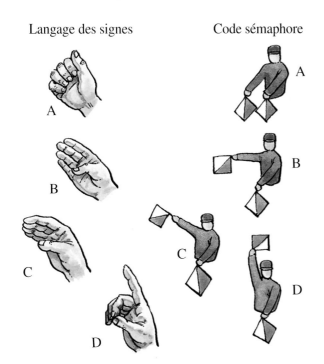

Voici le code binaire qui est utilisé par les ordinateurs. Il n'est composé que des chiffres 0 et 1.

1 = 00001	6 = 00110
2 = 00010	7 = 00111
3 = 00011	8 = 01000
4 = 00100	9 = 01001
5 = 00101	10 = 01010

Maintenant, essaye d'aller jusqu'à 100.

IMAGES À PROBLÈMES

Dans cette page, tu vas trouver un mélange de problèmes allant des images à comparer au très vieux jeu des pièces de monnaie. Pourquoi ne pas essayer de faire toi-même deux dessins avec de petites différences ? Est-ce qu'un de tes amis peut les découvrir ? Essaye le problème des allumettes, tu dois y arriver ! Prends ton temps et réfléchis attentivement.

L'INTRUS

Regarde les séquences ci-dessous et trouve l'intrus de chaque ligne.

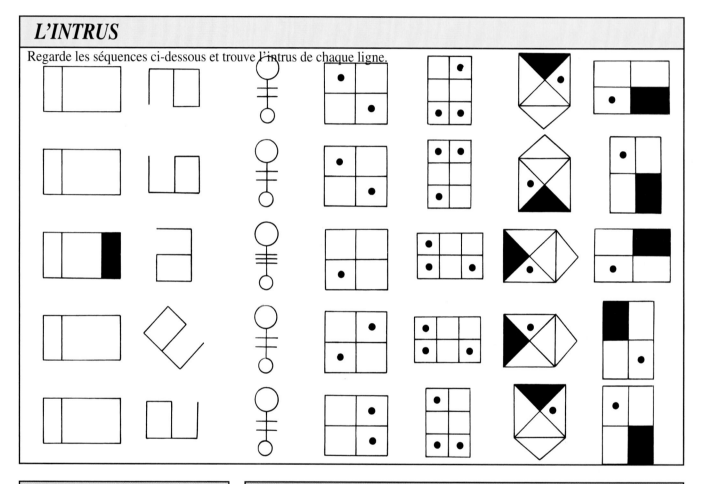

TROIS CARRÉS

Avec 15 allumettes, fais 6 carrés comme sur le modèle. Maintenant, en ne déplaçant que 3 allumettes, transforme les 6 carrés en 3. C'est possible !

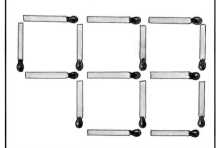

À PROPOS DE VISAGES

Il est bien facile de dessiner des visages. Recopie les visages ci-dessous. Regarde-les attentivement. Maintenant, ferme le livre et essaye de les dessiner. Y es-tu arrivé ?

Voilà un visage sens dessus dessous. Recopie-le sur un papier et retourne-le. Essaye d'en inventer d'autres.

TROUVE LES DIFFÉRENCES

Regarde attentivement ces deux images : combien de différences peux-tu repérer ?

JEU

Pose six pièces de monnaie identiques sur la table en suivant le modèle. Peux-tu, en déplaçant seulement trois des pièces une par une, transformer les deux lignes en un cercle ?

ASSEMBLAGE

Retourne à la page 19 et coupe les pièces du casse-tête.

Essaye de faire les chiffres de 1 à 9 en utilisant les formes.
Fais-les, les uns après les autres.

Avec tes formes, écris les lettres suivantes :

  A Z T M G

Peux-tu écrire toutes les lettres de l'alphabet ? Essaye !

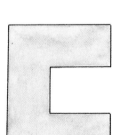
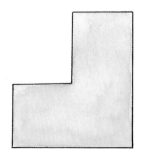

BOÎTES DE COULEURS

Seulement trois couleurs, le bleu, le rouge et le jaune, sont pures. Ce sont les couleurs primaires.
Toutes les autres sont des mélanges de couleurs. Les artistes en tiennent compte quand il font leurs mélanges de peintures. Certaines personnes ont du mal à reconnaître les différentes couleurs, particulièrement le rouge et le vert, ce sont des daltoniens.

LES COULEURS DU CIEL

T'es-tu jamais demandé pourquoi le ciel est bleu pendant la journée ou pourquoi quelquefois il semble rouge au coucher du soleil ?

La lumière du soleil est diffusée par la poussière et l'eau qui se trouvent dans l'air. La lumière qui est vers l'extrémité bleue du spectre a tendance à se diffuser plus que le reste. C'est la raison pour laquelle le ciel est bleu plutôt que jaune ou vert. Le soir, quand le soleil est bas dans le ciel, la lumière traverse plus d'air que dans la journée. Cet air diffuse toutes les couleurs sauf le rouge. Les rayons rouges se propagent en lignes droites et nous avons un ciel rouge.

Maintenant essaye ces tests des couleurs.

PAPIERS DE BONBONS

Rassemble des papiers de bonbons transparents de différentes couleurs. Lisse-les et étale-les sur la table.

Prends-en un rouge et regarde à travers. Qu'est-ce que tu vois ? Maintenant, fais la même chose avec un bleu. Quelles sont les couleurs qui ne changent pas ? Essaye avec d'autres couleurs, comme le jaune et le vert. Y a-t-il des couleurs qui changent ou d'autres qu'on ne voit plus ?

Fais un tableau où tu notes ce qui se passe en utilisant des couleurs différentes.

LA BOÎTE DE COULEUR

Trouve une petite boîte en carton – une boîte à chaussures serait idéale. Découpe un rectangle sur le côté de la boîte et colle un papier de couleur transparent dans cette fenêtre. Place des objets de couleurs vives à l'intérieur du carton et remets le couvercle.

Lorsque tu regardes les objets par le côté, qu'est-ce que tu remarques ?

Si tu changes de couleur, est-ce que les objets changent aussi ?

Quand tu regardes quelque chose de vert, par exemple de l'herbe, elle reflète toute la lumière de la partie verte du spectre de la lumière et elle efface toutes les autres couleurs. C'est la raison pour laquelle elle est verte.

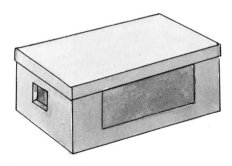

LUNETTES FARFELUES

Pourquoi ne pas te fabriquer une paire de lunettes farfelues ? Dans un morceau de carton, découpe une monture, la face et les branches. Pour les verres, tu colles des plastiques de couleurs, même différents pour chaque œil... si tu veux !

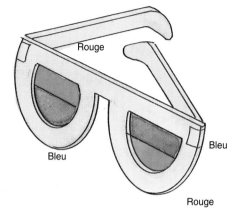

Maintenant, tu peux bien sûr décorer la face de tes lunettes en prenant pour thème les vacances par exemple, et ce pourrait être des parasols ! Si tu choisis le jardin, alors décore-la avec des fleurs.

MÉLANGE DE COULEURS

Qu'en est-il des couleurs mélangées ? Ce sont les couleurs chaudes et les couleurs froides. Les chaudes comprennent le rouge et l'orange ; les froides, le bleu et le vert.

Certaines s'harmonisent tandis que d'autres s'opposent.
Fais des essais : par exemple du rouge et du vert, du violet et du jaune. De quoi cela a-t-il l'air ?

On se sert de la couleur en publicité pour créer une atmosphère chaude ou froide. Rassemble des publicités de magazines et étudie l'utilisation des couleurs selon l'effet souhaité.

Si tu veux une pièce chaleureuse, tu choisiras plutôt une teinte chaude, sinon tu peux essayer le bleu.

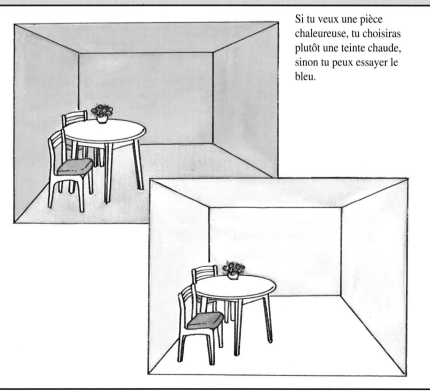

REGARDONS LA LUMIÈRE

Quelquefois, les choses ne sont pas ce qu'elles semblent être. Place un pot de confiture plein d'eau sur le rebord d'une fenêtre, tu verras peut-être apparaître un arc-en-ciel à ta fenêtre.

Regarde ton poisson par le côté de son aquarium et tu vas découvrir que tu as le plus gros poisson rouge au monde.
Ce sont les tours que te joue le soleil.

LUMIÈRE DU SOLEIL

La lumière est une énergie présente partout autour de nous. Sans elle, nous serions dans le noir. La plupart des choses qui nous entourent ne produisent pas leur lumière mais reflètent celle du Soleil. Les puissants rayons du Soleil parviennent sur Terre après 150 millions de kilomètres dans l'Espace. Si le Soleil explosait, la Terre serait plongée dans le noir au bout de huit minutes seulement.

La lumière du Soleil est composée d'un ensemble de rayons colorés, connu sous le nom de spectre. C'est Isaac Newton, en 1665, qui, le premier, divisa la lumière et mit en évidence les couleurs du spectre. Le système qu'il utilisa s'appelle un prisme. Le prisme est une pièce de verre de très haute qualité qui est coupée de telle manière qu'un rayon de lumière qui entre par un de ses côtés ressort par les autres dans toutes ses couleurs différentes. Newton a ainsi découvert que la lumière est faite des couleurs de l'arc-en-ciel : rouge, orange, jaune, vert, bleu, indigo et violet.

Aujourd'hui, on utilise différentes sortes de prismes dans de nombreux domaines, pour les instruments d'optique, les appareils-photos et également en médecine.

LOUPE

Si tu regardes un poisson rouge dans son aquarium, il peut te sembler énorme. C'est parce que l'eau agit comme une loupe et qu'elle fait paraître le poisson bien plus grand qu'il n'est réellement.

Mets un crayon ou une paille dans un verre d'eau et regarde-le à travers le côté du verre. Mets aussi ton doigt dans l'eau et il aura une taille géante.

Tu peux aussi lire un livre en utilisant le verre pour grossir l'impression. Place le verre contre la page du livre et regarde le résultat.

FAIS UN ARC-EN-CIEL

Pour faire un arc-en-ciel, mets un plat rempli d'eau sur le rebord d'une fenêtre. Installe une feuille de papier devant le plat. Mets un petit miroir dans ce dernier. Tu le déplaces jusqu'à ce qu'apparaisse un arc-en-ciel sur ton papier.

La prochaine fois que tu vois un arc-en-ciel, regarde bien les couleurs. Tu retrouveras celles que tu as observées sur ton papier. En fait, les gouttes d'eau dans l'air après un orage agissent comme de petits prismes, divisant la lumière en différentes couleurs.

ILLUSIONS D'OPTIQUE

Quelquefois, si tu roules sur une route par une très chaude journée, tu remarqueras que la surface de la route devant toi se met à miroiter et que des flaques d'eau semblent se former.

C'est une illusion d'optique.

C'est le soleil qui te joue des tours.

Quelquefois, dans le désert, les gens ont l'impression de voir des arbres et des lacs au loin. Ces mirages sont dus à la réflexion des rayons du Soleil quand il fait chaud. Les gens perdus dans le désert ont été bien souvent trompés en croyant se trouver tout près de l'eau, alors qu'en fait elle était bien loin à l'horizon.

Si tu vas dans un aéroport un jour de grande chaleur, tu peux voir des mirages (pas les avions de chasse). On a l'impression que les avions atterrissent dans une mare d'eau luisante sur la piste. Mais, c'est encore un tour que te joue le soleil !

LA RÉFRACTION

En 1621, Willebrord Snell, un scientifique hollandais, découvrit que, quand la lumière passait de l'air dans l'eau, des choses étranges se produisaient.

Fais l'expérience suivante. Tu mets un crayon dans un

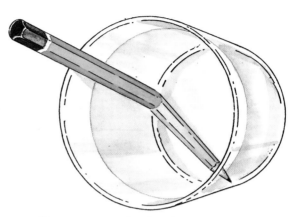

verre d'eau et tu regardes dans le verre.

Tu as l'impression que le crayon est tordu. C'est parce que la lumière s'infléchit, elle prend une autre direction en pénétrant dans l'eau.

Place une pièce de monnaie dans un bol. Recule jusqu'à ce que la pièce disparaisse de ta vue. Demande à quelqu'un de verser de l'eau dans le bol. Tu pourras à nouveau la voir. C'est parce que la lumière de la pièce s'infléchit au fur et à mesure que l'on ajoute de l'eau.

On appelle ce phénomène la réfraction.

L'ŒIL

En fait, l'œil voit les choses à l'envers. Ton œil projette l'image sur un écran, la rétine, situé au fond du globe. La rétine envoie un message à ton cerveau par le nerf optique. L'information est enregistrée par le cerveau et l'image renvoyée dans le bon sens.

Si tu entres dans une pièce sombre, la partie noire de ton œil, la pupille, s'agrandit. Elle s'ouvre pour laisser entrer plus de lumière. Dès que tu ressors, elle reprend sa taille initiale.

Certains animaux ont des yeux spéciaux, mieux adaptés que les nôtres pour voir la nuit. Cela les aide pour chasser. Si tu regardes les yeux d'un chat la nuit, tu verras que ses pupilles sont immenses.

Les yeux des insectes sont composés de milliers de minuscules lentilles, qui les aident à voir les dangers et à se déplacer rapidement. Souviens-toi de ça, la prochaine fois que tu essayes d'écraser une mouche !

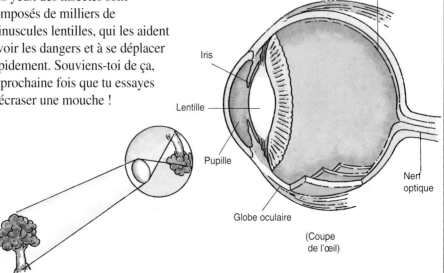

Rétine

Iris

Lentille

Pupille

Nerf optique

Globe oculaire

(Coupe de l'œil)

CHAUFFONS-NOUS !

Toutes les matières, liquide, gaz ou solide, sont faites de petites particules appelées atomes. Quand les atomes se réunissent, ils deviennent des molécules. Personne n'en a jamais vu. Les scientifiques se servent de modèles pour montrer à quoi ils ressemblent et comment les atomes et les molécules se comportent. Lis donc ce qui suit pour mieux connaître l'atome.

LE CHAUFFAGE

Quand les atomes et les molécules sont chauffés, ils vibrent. Comme la température monte, ils se cognent entre eux de plus en plus vite et donnent de plus en plus de chaleur ou d'énergie.
On mesure cette énergie en joules

d'après le nom du scientifique, James Joule, qui avait découvert comment mesurer les sommes d'énergie produite par la vibration de molécules, quelle que soit la substance utilisée, et alors qu'on les chauffe.
On peut également faire vibrer des molécules par friction. Par exemple, frotte tes mains l'une contre l'autre très vite. Sens-tu la chaleur causée par la friction ?

TRANSFORMATIONS

Si l'eau gèle, les molécules vibrent très doucement jusqu'à ce qu'elles forment un bloc. C'est alors un solide, la glace.

Si tu mets un bac à glaçons dans une pièce chaude, les molécules se

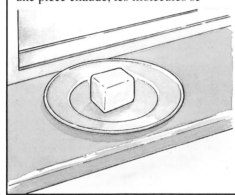

mettent à vibrer de plus en plus vite. La glace va se mettre à fondre et redevenir un liquide.

Si tu laisses cette eau au soleil quelques jours, il se peut qu'elle disparaisse. En chauffant, les molécules accélèrent leur vibration, jusqu'à ce qu'elles se détachent du liquide, et se transforment en un gaz appelé vapeur. C'est l'évaporation.

Si cette vapeur est retenue, sous un couvercle par exemple, les molécules ralentissent à nouveau et redeviennent liquide. C'est la condensation.

L'AIR EN MOUVEMENT

L'air chaud monte. Tu peux le vérifier en faisant cette expérience.

Prends une feuille de papier rigide et coupe une spirale comme sur le modèle. Décore ta spirale et fixe une cordelette au sommet. Tiens-la en l'air et vérifie qu'elle puisse bien bouger.

Place-la au-dessus d'un radiateur chaud et regarde ce qui se produit. Comme l'air chaud monte, les courants chauds font tourner la spirale.

Fais d'autres mobiles qui se mettront en mouvement grâce à l'air chaud.

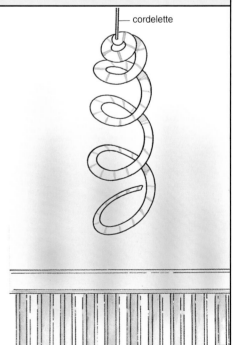

cordelette

LA TEMPÉRATURE

Voici comment tu peux faire ton propre thermomètre. Trouve une petite bouteille, un peu de pâte à modeler, une paille et du colorant liquide. Remplis ta bouteille de colorant liquide jusqu'au tiers. Mets la paille de manière à ce qu'elle trempe dans le colorant et ferme en haut avec de la pâte à modeler. Attention, la paille ne doit pas toucher le fond de la bouteille ! Appuie sur la pâte à modeler jusqu'à ce que le liquide soit à six centimètres au-dessus du sommet de la bouteille. À l'intérieur, comme la température monte, l'air se dilate et fait remonter le liquide dans la paille.

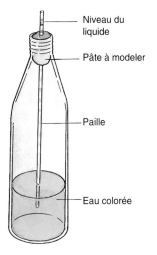

— Niveau du liquide
— Pâte à modeler
— Paille
— Eau colorée

CHAUD ET FROID

Certains endroits dans le monde, tels que la vallée de la Mort en Californie (É.-U.), peuvent être extrêmement chauds, alors que d'autres, comme la Sibérie en URSS, peuvent être très froids. Dans la vallée de la Mort, la plus haute température relevée est de 56 °C. En Sibérie, les étés peuvent être doux, mais en hiver la température a déjà atteint –50 °C. En Finlande, où les températures tombent bien en dessous de 0 °C, les voitures sont équipées de systèmes de chauffage pour garder les moteurs chauds la nuit. Les fenêtres sont équipées de vitres multiples pour garder la chaleur à l'intérieur.

TENIR CHAUD

Dans les pays froids, les gens portent souvent des vêtements en laine. La laine garde la chaleur entre ses fibres. C'est un mauvais conducteur de chaleur et donc il empêche la chaleur de ton corps de se perdre.

Les thermos (bouteilles isolantes) sont conçus pour garder les liquides chauds ou froids. Il y a deux parois de verre entre lesquelles on a retiré l'air, ce qui forme une isolation empêchant la chaleur de circuler.

Le double vitrage est un autre moyen de garder la chaleur à l'intérieur. La chaleur ne peut pas s'échapper par la fenêtre à cause de l'air prisonnier entre les couches de verre.

Trouve trois récipients et un matériau différent pour recouvrir chacun d'eux, par exemple de la laine, de la ouate et du polystyrène. Remplis jusqu'à la moitié tes trois récipients d'eau chaude. Recouvre-les complètement. Et laisse-les quelques minutes. Quel est le meilleur isolant, et dans quel récipient le liquide est-il le plus froid ?

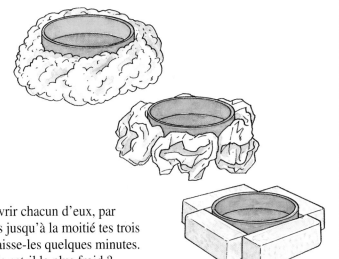

EAU MAGIQUE

L'eau est partout autour de nous. Toute vie sur Terre, qu'elle soit animale ou végétale, n'est possible que grâce à l'eau. L'eau, qui est un liquide, a beaucoup de propriétés surprenantes que les autres choses n'ont pas. Par exemple, comment un bateau d'acier peut-il flotter ? Comment certains insectes peuvent-ils marcher sur l'eau ? À première vue, tout ça semble compliqué, mais quand tu sais pourquoi, les réponses te paraissent simples. Regarde !

EURÊKA !

Archimède était un scientifique grec qui vivait en Sicile en 250 avant Jésus-Christ. Il fut un homme brillant et découvrit, entre autres, que le poids d'un objet est égal au poids de l'eau déplacée par celui-ci s'il est immergé.

Cette théorie est connue comme le principe d'Archimède. On dit qu'il a découvert cette théorie en entrant dans un bain public plein à ras bord. L'eau se répandit sur le sol et Archimède découvrit alors qu'en mettant un objet dans l'eau, ce dernier repoussait l'eau. Il était si excité qu'il courut jusque chez lui, en criant eurêka !, ce qui veut dire "j'ai trouvé !".

FRUIT FLOTTANT

Surprends tes amis avec cette expérience. Prends une orange que tu mets dans l'eau. Elle flotte. Maintenant, pèle-la et regarde ce qui se passe quand tu la mets dans l'eau. Elle devrait couler.
Souviens-toi, les expériences ne marchent pas toujours, alors ne sois pas surpris si elle ne coule pas et essaye à nouveau.

Maintenant, essaye avec d'autres fruits. Est-ce qu'une pomme épluchée coule ? Ou une banane dont tu as enlevé la peau ? Une tomate coule-t-elle ?

UNE POINTE D'OR

Le roi avait fait appeler Archimède la nuit avant son fameux bain. Il était inquiet parce qu'il pensait que sa couronne n'était pas en or pur. Il demanda donc à Archimède un moyen pour savoir si sa couronne l'était vraiment. Celui-ci montra que si la couronne déplaçait autant d'eau que son poids en or pur, alors elle serait d'or pur. C'était à ce problème qu'Archimède pensait quand il entra dans son bain.

LES PATINEURS DES MARES

Certaines créatures peuvent courir à la surface de l'eau. L'une d'entre elles s'appelle le gerris. Le gerris utilise la tension superficielle de l'eau pour ne pas couler. La surface de l'eau est comme une peau. Cette peau réagit sous les pattes du gerris, mais ne se rompt pas. Regarde bien la prochaine fois que tu vas près d'une mare, tu pourras peut-être en remarquer quelques-uns.

ESSAYE TOI-MÊME

Tu peux tester le principe d'Archimède en remplissant à ras bord un petit bol avec de l'eau. Mets-le sur l'évier. Pousse un petit morceau de bois dans l'eau. La quantité d'eau perdue représente le même volume que la pièce en bois. Remplis à nouveau le bol en utilisant un ustensile de mesure et tu verras combien d'eau tu as perdue.

LEQUEL FLOTTE ?

Réunis un certain nombre de petits objets et un seau à moitié plein d'eau. Observe quels objets flottent et quels objets coulent.

LE SAVAIS-TU ?

Savais-tu que si tu remplis un verre d'eau à ras bord, tu peux faire flotter une aiguille à la surface ?
Place l'aiguille sur un petit bout de tissu. Quand le tissu sera mouillé, il coulera en laissant à la surface l'aiguille flottante. Perce la "peau" de l'eau, l'aiguille coulera.

QUELLE COLLE !

Pourquoi un bateau flotte-t-il ?

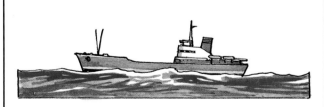

L'HEURE

En voyageant dans le monde, on traverse différents fuseaux horaires. Quand c'est le soir à Londres, c'est la nuit en Inde, tôt le matin en Australie et midi à certains endroits de l'Amérique du Nord ! Certains pays sont si grands qu'ils ont plusieurs fuseaux horaires.

LE TEMPS ?

Si tu regardes dans un dictionnaire au mot temps, tu pourras lire que ce sont les minutes, les heures, les jours, les mois et les années qui passent.

Autrefois, les gens mesuraient le temps en mettant un bâton dans le sol et en observant l'ombre qui marque l'avancée du soleil, ou en faisant la différence entre le jour et la nuit. C'est en 1581 que Galilée découvrit que le temps pouvait être mesuré à l'aide d'un pendule qui est un poids fixé au bout d'une corde ou d'un bâton. Le poids se balance dans un mouvement rythmé. La distance parcourue entre les deux points extrêmes du mouvement du poids s'appelle une période.

Les pendules sont un des moyens de mesurer le temps.

Les Chinois l'utilisaient déjà, il y a 1400 ans.

Il y a environ 3000 ans, les Babyloniens avaient tenté de mesurer la rotation de la Terre autour du Soleil.

Leur conclusion : 365 jours, 6 heures, 15 minutes et 4 secondes. Les calculs modernes ne varient pas plus d'une demi-heure.

QU'EST-CE QU'UN JOUR ?

Un jour est égal à 24 heures ou 1440 minutes ou 86 400 secondes. Autrefois, on mesurait le temps entre le lever du soleil et son coucher. Aujourd'hui, on procède toujours de la même façon.

Si tu fais un très long voyage en avion d'ouest en est ou d'est en ouest, ta journée risque d'être très perturbée. Quand tu voyages vers l'est ou vers l'ouest autour du monde, tu traverses différents fuseaux horaires. Si tu vas vers l'ouest, tu remontes le temps, si tu vas vers l'est, tu avances dans le temps. Le monde est divisé en 24 fuseaux horaires. Quand il est 12 heures à Greenwich, Londres, il n'est que 7 heures à New York. En Finlande, il est 14 heures et en Chine, 8 heures. Donc, si tu vas vers l'est, tu devras avancer ta montre ; par contre, tu devras la retarder si tu vas vers l'ouest. Les fuseaux horaires ont été utilisés dès 1184, quand l'observatoire de Greenwich à Londres a été choisi comme point de départ de tous les fuseaux. C'est le méridien d'origine. L'horaire solaire moyen de Greenwich s'appelle l'heure moyenne de Greenwich.

De l'autre côté du monde par rapport à Greenwich se trouve la ligne de changement de date (méridien 180°). Quelqu'un qui passe cette ligne en allant d'est en ouest perd une journée, alors que celui qui va d'ouest en est gagne une journée. Donc, si tu te trouves sur une île du Pacifique un lundi à l'ouest de la ligne et que tu vas rapidement à l'est sur une autre île, il sera dimanche.

HORLOGE ATOMIQUE

En 1966, on a construit une horloge atomique qui est exacte à une seconde près et cela pour plus de 1,5 million d'années. C'est le Laboratoire de recherche navale aux États-Unis qui l'a mise au point.

COMPTER LE TEMPS

Les sabliers étaient déjà utilisés par les Romains. Aujourd'hui, on les utilise encore lorsqu'on fait cuire les œufs.

Il est facile de faire un sablier. Il te faut deux bouteilles vides et du ruban adhésif. Remplis la moitié d'une des bouteilles avec du sable et fixe-les ensemble. Maintenant, retourne-les et regarde le sable qui s'écoule. S'il va trop vite, tu peux le ralentir en mettant un petit bouchon troué.

Il y a environ 3500 ans, les Égyptiens utilisaient les horloges à eau. Pour en fabriquer une, il te faut une bouteille, un pot de yogourt et une paille, comme tu le vois sur le dessin de droite. L'eau s'écoule par un trou que tu auras fait dans le fond du pot et tombe dans la bouteille que tu auras graduée. Tu peux ainsi dire combien de temps a passé.

Pour les cadrans solaires, c'est l'ombre qui marque l'heure. Mais ça ne fonctionne que s'il y a du soleil. Une baguette verticale projettera son ombre sur le sol. Plus le Soleil monte dans le ciel, plus l'ombre est courte. Souviens-toi bien que c'est la Terre qui bouge vraiment. Essaye de fabriquer un cadran solaire...

AFFICHAGE NUMÉRIQUE

Quelle sorte de montre as-tu ?
Une montre ordinaire ou une montre à affichage numérique ?
Une montre ordinaire a deux aiguilles et des nombres. Les aiguilles tournent, entraînées par le mécanisme des rouages, réglé pour faire une rotation complète par heure.
Ce mécanisme fait avancer l'aiguille des minutes, l'autre aiguille fonctionne avec deux engrenages qui retiennent sa course.
Les montres à affichage numérique sont différentes puisqu'elles n'ont pas d'aiguilles mais un écran numérique.
Au centre de cette montre, il y a un cristal de quartz qui oscille tout le temps. À chaque oscillation, il envoie un signal électrique. La puce enregistre les signaux produits par le cristal et envoie régulièrement un signal au cadran pour le changement des chiffres.

TEMPS ET ESPACE

Si tu habitais sur une autre planète du système solaire, tes journées seraient complètement différentes de celles sur Terre. Les planètes plus éloignées du Soleil ont des années beaucoup plus longues, alors que les planètes les plus proches ont des années plus courtes. Une année sur Uranus dure 84 ans sur Terre. Si tu vivais sur Uranus, tu n'aurais vraisemblablement qu'un seul anniversaire !
La longueur d'un jour sur chaque planète dépend du temps qu'elle met pour effectuer sa révolution. Sur Terre, c'est 24 heures ; sur Mercure, c'est 59 jours.

MIROIR, MIROIR

"Miroir, miroir sur le mur,
dis-moi qui est la plus belle de toutes."

Voici deux pages pour expérimenter la magie du

miroir. Tu vas pouvoir écrire des messages, fabriquer ton miroir et reproduire des images-miroir.

Tu as peut-être d'autres tours... de miroirs ?

LETTRES MAGIQUES

Dix lettres de l'alphabet ont une ligne de symétrie verticale et neuf autres en ont une horizontale.

Verticale :   Y W T V X M O I A H

Horizontale :   X O K H I C B D E

Mets un miroir sur la ligne médiane verticale d'une des lettres de la première liste et l'image du miroir sera la même ; sur la ligne horizontale, dans le deuxième groupe de lettres, le reflet sera inchangé.

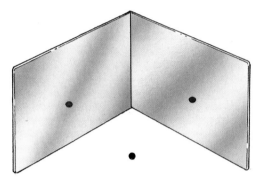

Tu peux essayer la même chose en utilisant deux miroirs ensemble comme sur le dessin.
Les images sont-elles différentes ?

ÉCRITURE EN MIROIR

L'écriture en miroir est un jeu très drôle ! Écris ton message sur un papier. Tiens le papier devant le miroir et recopie ce que tu vois. Donne ce message à tes amis pour qu'ils le déchiffrent.
Peux-tu trouver ce que voudrait dire le message ci-dessous s'il était écrit dans le bon sens ?

ИОITИƎTTA

ЯƎGИAD

! ƧЯUOƆƎƧ UA

Les voitures de secours, pompiers, police et ambulances ont des écritures en miroir à l'avant ; ainsi, en regardant dans le rétroviseur, on sait tout de suite de quoi il s'agit.

MIROIR, MIROIR

Sur une feuille de papier, dessine la moitié d'une maison comme ci-dessous et tiens ensuite la feuille près du miroir. Qu'est-ce que tu obtiens ? Essaye de faire la même chose avec la moitié d'un visage. Tu peux aussi faire des animaux, des papillons, des fleurs...

NATURE ET SYMÉTRIE

La symétrie signifie que les deux côtés de quelque chose sont identiques. Il y a beaucoup d'exemples de symétrie dans la nature comme les papillons et les coquillages. Beaucoup de fruits sont symétriques quand tu les coupes par le milieu.

Tu peux faire un papillon symétrique avec un peu de peinture et du papier. Tu plies ta feuille en deux. Tu l'ouvres et tu mets quelques taches de peinture sur un côté. Tu replies à nouveau ton papier et tu appuies bien dessus. Quand tu l'ouvres, tu découvres un modèle symétrique. Tu peux faire de nombreux essais de couleurs et de formes différentes.

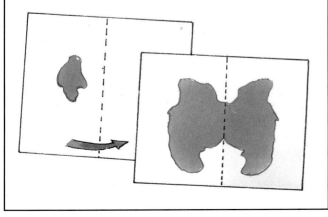

REFLETS ÉTRANGES

Trouve un grand miroir et mets la moitié de ton visage ou de ton corps à côté. À quoi cela ressemble-t-il ?

Prends une cuillère et regarde-toi dans le côté creux. Retourne-la et regarde-toi de l'autre côté. Quand tu te

regardes dans le creux de la cuillère, tu regardes dans une forme concave ; de l'autre côté, on dit que c'est convexe. Si tu tiens un petit miroir devant un miroir plus grand, tu peux créer des reflets qui vont et viennent d'avant en arrière à l'infini.

Tu peux aussi essayer de fabriquer ton miroir dans un morceau de fer blanc.

AIMANTER

Les aimants sont très drôles à utiliser. Tu peux t'en servir pour inventer plein de jeux différents. On les utilise beaucoup pour les choses courantes et, si tu regardes autour de toi, tu en trouveras un peu partout dans la maison.

Une boussole se sert du champ magnétique de la Terre pour indiquer le nord. Tu peux essayer de fabriquer une boussole. Tu découvriras aussi quelques surprises "magnétiques" à faire avec tes amis.

AIMANTS

Les aimants ont deux pôles. L'un est le nord, l'autre le sud. Si tu approches deux aimants, tu t'apercevras que le nord attire le sud et qu'il repousse toujours le nord. Inversement, le sud repousse le sud et attire le nord. Sa force n'est pas entièrement expliquée par les scientifiques.

La Terre a des lignes magnétiques qui la traversent du nord au sud. Ce champ de force ne peut pas être vu. Place un morceau de papier au-dessus d'un aimant et jette un peu de limaille sur cette feuille, regarde bien ce qui se passe. Essaye la même chose avec deux aimants. En les déplaçant, tu peux faire bouger la limaille.

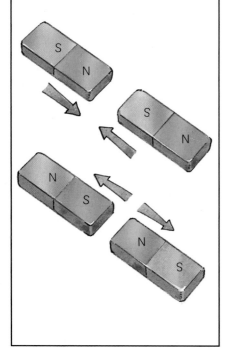

FABRIQUE UN ÉLECTRO-AIMANT

On utilise les électro-aimants dans les décharges pour déplacer les voitures et le métal broyé. Les petits électro-aimants servent dans les hôpitaux pour retirer les éclats de métal d'une blessure.

Tu as besoin d'une pile plate, de fil de fer et d'une pointe en fer.

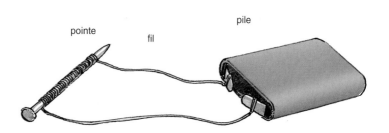

pointe   fil   pile

Attache le fil à la pile, enroule-le ensuite plusieurs fois autour de la pointe, puis attache l'autre extrémité du fil à la pile. Combien d'aiguilles vas-tu pouvoir ramasser avec ton aimant ? Si tu fais plus de tours autour de ta pointe avec le fil, ton électro-aimant sera-t-il plus ou moins puissant ?

Si tu déconnectes une des extrémités de ton aimant, il ne fonctionnera plus.

TESTE TON AIMANT

Si tu as un aimant, tu seras peut-être content de mesurer sa force. Tu peux le faire de plusieurs manières. La première est d'utiliser des aiguilles. Tu mets une aiguille sur l'aimant et comptes combien d'autres aiguilles pourront se fixer les unes aux autres. L'autre méthode est de fixer des trombones les uns aux autres et de voir combien ton aimant peut en supporter. Tu peux aussi comparer la force de tes aimants si tu en as plusieurs.

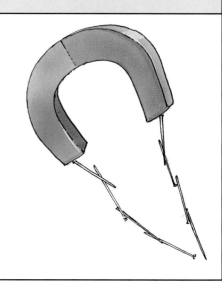

LE JEU MAGNÉTIQUE

Tu as besoin d'un morceau d'aimant, d'une ficelle, d'une canne, de petits cartons et de trombones.

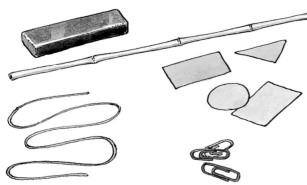

Découpe des carrés, des cercles, des hexagones, etc., dans les petits cartons.

Fixe un trombone sous chaque forme avec un peu de ruban adhésif. Numérote chaque carton.

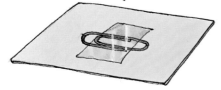

Maintenant, tu attaches la ficelle à la canne et tu fixes l'aimant à l'autre extrémité de la ficelle. Disperse les cartons sur le sol. Essaye ensuite de pêcher tes "poissons". Pour compliquer le jeu, tu peux mettre un bandeau sur les yeux du pêcheur.

Le gagnant est celui qui a le plus grand nombre de points à la fin du jeu.

LA BOUSSOLE TOURNANTE

Une boussole est un instrument qui permet de s'orienter. Comme elle utilise le champ magnétique terrestre, la boussole indique toujours le nord. On l'utilise depuis des siècles, surtout les marins qui naviguent à travers mers et océans.

Tu peux essayer de fabriquer une boussole en passant l'aimant sur une aiguille dans un seul sens. Fais-le 25 fois. Ne heurte pas l'aiguille. Coupe une rainure dans un morceau de liège et déposes-y soigneusement l'aiguille. Mets la boussole dans l'eau et regarde ce qui se passe. La boussole devrait tourner et éventuellement s'arrêter en direction du nord.

Ta boussole est-elle plus puissante si tu passes plus longtemps l'aimant dessus ?

AIMANTS UTILES

On utilise les aimants pour les alarmes contre les voleurs. On visse un interrupteur équipé d'un aimant dans le cadre d'une fenêtre ou d'une porte. Quand celles-ci sont fermées, il reste en place. Dès qu'elles s'ouvrent, l'aimant bouge, un ressort déclenche les points de contact, et le système d'alarme se met en route.

On trouve des aimants un peu partout dans la maison : dans le téléphone, la télévision, et les lecteurs de disques compacts. Tu peux en trouver dans la cuisine pour fermer les portes des placards.

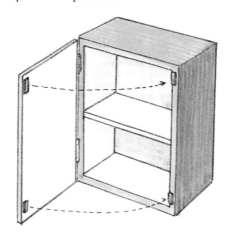

L'HISTOIRE DU TÉLÉPHONE

Où que tu sois, tu peux rester en contact. Les trains, les voitures et les bateaux ont tous le téléphone. Même les avions sont équipés de téléphones. Si tu dois arriver en retard, tu peux prévenir tes amis qui t'attendent pour les rassurer. Pour en apprendre davantage sur le téléphone, lis ce qui suit.

TOUT SUR LE TÉLÉPHONE

Les téléphones d'aujourd'hui sont bien différents de ceux d'il y a quelques années. Ils n'ont plus besoin d'être reliés par des fils au système téléphonique.
Des téléphones mobiles peuvent être installés dans les voitures et il est aussi possible de relier les téléphones avec les terminaux d'ordinateurs et les systèmes vidéo.
Les vidéophones transportent des sons mais aussi des images.
Les vieux téléphones reliés à de gros câbles transmettaient les sons grâce à des impulsions électriques à travers le réseau.
Aujourd'hui, on utilise les fibres optiques. Celles-ci se servent de très petites vibrations au laser au lieu des impulsions électriques. Les vibrations du laser peuvent transporter une plus grande quantité d'information plus vite que l'électricité.

Comme on a besoin de beaucoup plus d'information pour une image que pour le seul son, les câbles en fibres optiques sont devenus la seule solution possible pour le vidéophone.

TÉLÉPHONE ET TUYAU D'ARROSAGE

Bien facile à réaliser ce téléphone qui te permettra de rester en contact avec tes amis.

Trouve une longueur suffisante de tuyau d'arrosage. Fixe un entonnoir à chaque extrémité et tends-le. Demande à un de tes amis de tenir une extrémité et d'écouter.

Parle dans l'entonnoir à l'autre bout. Envoie un message et demande à ton ami de l'écrire.

Des systèmes comme celui-là ont été utilisés dans les navires et les commerces pour rester en contact.

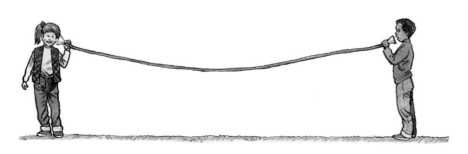

A. BELL

Les gens se sont envoyés des messages depuis des siècles en utilisant des drapeaux, de la fumée et des signes.
Le téléphone a été inventé en 1876 par

4Alexander Bell, un chercheur américain. Il a aussi travaillé plus tard au gramophone et au train d'atterrissage des avions.

Le téléphone de Bell était bien différent du téléphone que tu connais. Il avait utilisé une rondelle de métal, le diaphragme, que les ondes produites par la personne qui parle faisaient vibrer.
Ces vibrations étaient transformées en courant électrique variable par un électro-aimant. Ce courant circulait dans un fil de fer jusqu'à l'autre téléphone, où il était à nouveau transformé en ondes sonores.

VOILÀ UNE BONNE IDÉE !

Les bruits nous entourent. Certains sont naturels, d'autres sont fabriqués par l'homme. Fais une liste des bruits et repère ceux qui sont une nuisance – la pollution par le bruit – et ceux qui pourraient être évités.

Une manière de fuir le bruit est de s'isoler. Par exemple, le double vitrage isole du bruit. Trouve un réveil que tu prévois de faire sonner dans quelques minutes. Mets-le dans une boîte de chaussures enveloppée dans du papier journal. Recule-toi et attends. Quel bruit ton réveil a-t-il fait ? Tu peux essayer un autre mode d'isolation comme la mousse ou une vieille éponge. Est-ce que c'est mieux ?

Quelle est la meilleure isolation que tu aies trouvée ?

Pour faire le téléphone ci-dessous, il te faut deux pots de yogourt, des boutons et un bout de corde ou de ficelle. Fais un trou au fond de chaque pot de yogourt et tends le fil entre les deux pots. Fixe solidement un bouton à chaque extrémité de la ficelle. Demande à un ami d'écouter à l'autre bout du téléphone le message que tu lui envoies. Est-ce que ça marche ?

M'ENTENDS-TU ?

Tes oreilles sont fragiles, et tu dois toujours y faire attention lorsque tu fais des expériences où tu les sollicites.

L'oreille recueille des ondes qui sont envoyées au tympan. Celui-ci vibre, l'information est transmise à trois petits os, elle arrive finalement à la cochlée, qui se trouve dans l'oreille interne. Celle-ci est remplie d'un liquide et la vibration fait bouger le liquide, qui lui-même met en mouvement de petits poils. C'est ce qui met en route le nerf auditif qui envoie alors le message au cerveau.

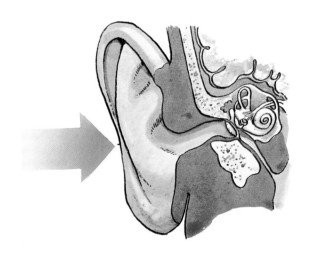

QU'Y A-T-IL À L'INTÉRIEUR ?

Les premiers mots qui ont été prononcés dans le téléphone d'Alexandre Bell furent : "M. Watson, venez tout de suite, j'ai besoin de vous." Alexander Bell avait versé la solution acide de sa pile sur son pantalon ! Le téléphone moderne fonctionne toujours sur le même principe que celui de M. Bell, comme celui que tu peux voir en dessous. Quand tu parles dans le microphone, les minuscules granules de carbone qui sont enfermées à l'intérieur vibrent. Cela crée un courant électrique à travers le microphone en fonction des ondes produites. Une fois dans le réseau, les conversations sont transmises par les vibrations électriques au moyen des fibres optiques jusqu'à destination.

QUELLE VITESSE !

Si tu circules en ville, tu verras beaucoup de véhicules de formes et de tailles différentes, qui vont tous à des vitesses variables. À quelle vitesse te déplaces-tu ? Connais-tu le reptile le plus rapide ? Sais-tu quel mammifère est le plus lent ?

As-tu jamais entendu parler du train qui "flotte" ? Quelle est la vitesse de la lumière ? Et sur une planète où chaque jour aurait 100 heures, comment cela se passerait-il ? Tu vas trouver les réponses à toutes ces questions, et plus encore dans ces deux pages.

TEMPS DE RÉACTION

Demande à un ami de se mettre à courir dès que tu frappes des mains. A-t-il démarré aussitôt ? Si tu fais la même proposition à plusieurs amis, qui s'alignent alors pour faire une course, se mettront-ils à courir dès que tu siffleras ? Y a-t-il eu un temps mort entre le coup de sifflet et leur départ ? Pourquoi ?

QUELLE EST TA VITESSE ?

Si tu as participé à une course, tu sais qu'il faut beaucoup d'énergie pour courir vite. La plupart des gens peuvent courir à environ 19 km/h et marcher à la vitesse de 6 km/h. Imagine un test pour savoir à quelle vitesse tu es capable de courir.

Trouve un grand espace et, avec un chronomètre, mesure le temps qu'il te faut pour parcourir une certaine distance. Si tu divises la distance par le temps que tu as mis, tu pourras facilement calculer ta vitesse.

LA LUMIÈRE

La lumière se déplace à environ 300 000 km/s. En une année, un rayon pourrait parcourir 9 500 000 000 000 km.

Une année-lumière est la distance qu'un rayon parcourt en une année terrestre. L'étoile la plus proche de la Terre est à environ 150 millions de kilomètres du Soleil. Ce qui veut dire qu'il faut environ 8 minutes pour que sa lumière atteigne la Terre, avec une variation selon l'époque de l'année.

PROBLÈME

Si tu habitais une planète où chaque jour aurait 100 heures, où 100 minutes seraient égales à une heure et 100 secondes à une minute, combien de secondes y aurait-il dans une journée ?

Sciences

RAPIDE

Il existe beaucoup de véhicules à grande vitesse aujourd'hui. Le T.G.V. est le train à grande vitesse français. Il peut circuler à la vitesse de 270 km/h sur des rails réservés. Le réseau s'étend sur toute la France et est en service depuis 1981.

Au Japon, on a mis au point un train qui atteint la vitesse de 500 km/h. Il est connu sous le nom de ML 500 ; c'est un des derniers prototypes "maglev". Maglev est l'abréviation pour lévitation magnétique. Dans ce système, le train est suspendu à environ 30 cm au-dessus d'un rail en aluminium ou en cuivre. Ces trains

sont équipés d'aimants très puissants, qui se repoussent entre eux et soulèvent le train au-dessus du rail. C'est le courant électrique qui permet de propulser ce train en avant. Comme le train flotte tout en avançant, il n'y a pratiquement aucune friction. C'est ce qui permet à ces trains de se déplacer à très grande vitesse. Ces trains sont très légers et ils ne s'usent pas aussi vite que les autres trains.

Le Concorde a réalisé sa liaison Londres-New York la plus rapide en 1983, c'est-à-dire en 2 heures 56 minutes et 35 secondes.

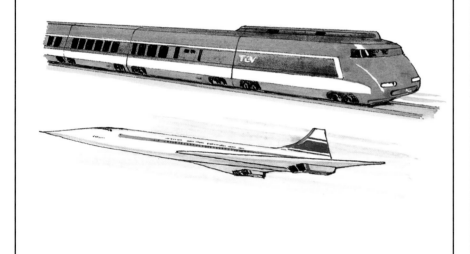

TIR RAPIDE

Prends une règle et tiens le haut dans ta main droite. Lâche-la et attrape-la avec ta main gauche. Facile ? Maintenant, essaye en partant de la main gauche. Remarques-tu quelque chose ? Demande à quelqu'un de la lancer. Attrape-la. Quand c'est toi qui lance la règle, ton cerveau est prêt. Mais quand c'est quelqu'un d'autre,

il y a un délai pour ta réponse. Envoie la règle à un ami qui essaye de l'attraper. Marque l'endroit où ton ami et toi attrapez la règle. Qui a la réaction la plus vive ?

VITESSE NATURELLE

Le reptile le plus rapide sur terre parcourt 28 km/h. On a enregistré ce record au cours d'une course de lézards aux États-Unis. L'animal le plus rapide sur terre sur de courtes distances est le guépard, qui peut atteindre une vitesse de plus de 100 km/h. Sur de longues distances,

l'antilope arrive en tête, à la vitesse de 48 km/h sur des distances de 10 km sans se fatiguer. Le mammifère le plus lent est le paresseux d'Amérique du Sud, il se déplace à la vitesse d'environ 0,11 km/h, et peut atteindre 0,27 km/h dans les arbres.

Guépard

Paresseux

69

QUELLE COLLE !

Beaucoup de tours et de problèmes sont vraiment déconcertants et embarrassent les plus intelligents ! Comment vas-tu venir à bout de ceux-ci ? Certains problèmes sont plus difficiles que les autres.

Quand tu les auras finis, classe-les par ordre de difficulté. Demande à un ami de faire les mêmes problèmes et de dresser une liste que tu pourras comparer à la tienne. Sont-elles pareilles ?

PROBLÈME DE PIÈCES

Ce qui suit va t'impressionner.

Demande à un ami de prendre une pièce de monnaie et de te donner le troisième chiffre de la date sur la pièce. Tu le multiplies par 2, tu ajoutes 5, tu multiplies par 5 et tu ajoutes le dernier chiffre de la date à la réponse. Tu enlèves 25 et tu auras l'année de la pièce.

Voici un exemple :

La pièce est datée de 1965. Le troisième chiffre est 6.
Tu multiplies par 2, tu obtiens 12. En ajoutant 5, tu obtiens 17, que tu multiplies par 5, ce qui donne 85. Tu ajoutes le dernier chiffre, ici 5, et tu obtiens 90. Tu enlèves 25 et tu as le surprenant résultat de 65 !

LES INTRUS

Essaye de repérer les intrus dans les listes suivantes :
rouge-gorge, grive, fou de Bassan, moineau, merle.
rouge, jaune, brun, mauve, blanc.
Londres, Paris, New York, Rome, Moscou.
vin, eau, lait, pain, thé.
mère, père, fils, frère, grand-mère.

COMPLÈTE

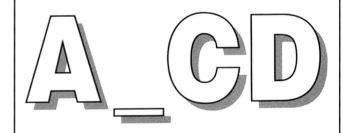

Chaque addition a un nombre manquant.
Peux-tu le retrouver ?

1.	$123 + 345 = 4?8$	$1500 - ? = 100$
2.	$?65 + 324 = 589$	$20 \times ? = 140$
3.	$678 - 53? = 142$	$10 + 10 + ? = 1200$
4.	$25 \times ? = 125$	$6 \times ? = 180$
5.	$1000 + ? = 2500$	$5 \times ? + 10 = 25$

GÉNÉALOGIE

Quel lien y a-t-il entre :

M. Berger et la fille de son fils ?

Mme Joly et le frère de sa sœur ?

Julie et la femme de son frère ?

David et le frère de sa sœur ?

Pierre et le père de son père ?

LOGIQUE

Catherine et Justine apprennent l'allemand et le français, Justine et Robert apprennent le français et l'italien, Jean apprend le russe et l'allemand alors que Catherine apprend aussi le russe.

Qui apprend l'allemand mais pas le français ?

Quelle langue Justine n'apprend-elle pas ?

Qui apprend le français, l'allemand et l'italien ?

Qui apprend le russe mais pas le français ?

TOURBILLONS

Dessine cette forme sans lever ton crayon du papier.

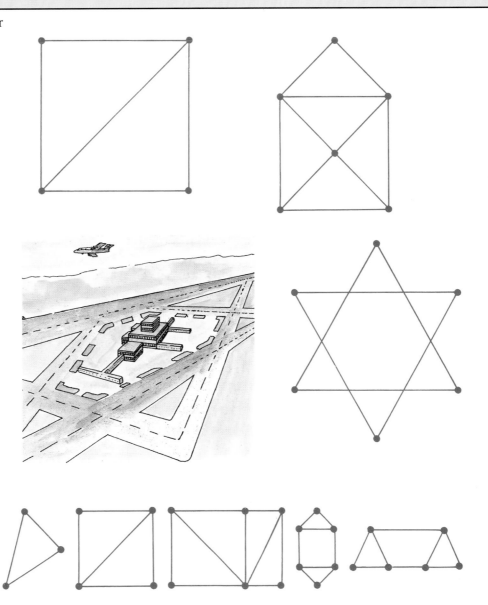

QUESTIONS DE TEMPS

Le temps varie selon l'endroit du monde où tu habites. Dans l'Hémisphère Nord, plus tu avances vers le nord, plus il fait froid. Dans l'Hémisphère Sud, les régions les plus froides sont au sud ; il pleut beaucoup dans certaines régions tandis que d'autres sont très sèches. On a toujours enregistré le temps qu'il fait et essayé de prévoir le temps qu'il fera. Vois comment enregistrer le temps toi-même.

LES FAITS DU TEMPS

Il existe plusieurs proverbes sur le temps :

Arc-en-ciel du matin
Fait marcher le moulin.

Arc-en-ciel du soir
Fait marcher l'arrosoir.

Ce qui signifie que l'un amène le vent et l'autre chasse la pluie.

Un autre :

Le vent du levant
Annonce le beau temps.

Il y a beaucoup d'autres signes qui, selon le folklore local, sont supposés nous dire le temps.

Par exemple : "Pluie qui fume en tombant doit durer longtemps", ou bien "Année de champignons, pas de vin au baril".

Et encore d'autres comme ça !

L'ÉCHELLE DE BEAUFORT

Elle a été inventée par Sir Francis Beaufort. C'est une échelle qui établit les forces du vent : elle est utilisée par les météorologues. Elle va de 0 à 12 et a d'abord été employée pour prévoir les conditions en mer.

Quand elle atteint la force 12, la vitesse du vent est supérieure à 120 km/h. Ces violents orages sont des ouragans, des typhons en Extrême-Orient et des "willy-willies" en Australie. Ils provoquent de graves dégâts, sont destructeurs et causent des inondations.

L'orage qui avait frappé le sud de l'Angleterre en octobre 1987, avait atteint 9 et 10 de l'échelle de Beaufort.

FORCE	INTENSITÉ	VITESSE (KM/H)	CONDITIONS
0	calme	0-1	Mer d'huile, fumée s'élève tout droit.
1	un peu d'air	jusqu'à 5	Léger clapotis sur la mer, fumée traînante.
2	brise légère	jusqu'à 10	Vent de face, feuilles bougeant sur les arbres.
3	brise douce	jusqu'à 20	Brindilles en mouvement.
4	brise modérée	jusqu'à 30	Petites branches agitées, vagues sur la mer.
5	brise fraîche	jusqu'à 40	Arbustes oscillants, d'assez grosses vagues.
6	brise forte	jusqu'à 50	Grosses vagues, branches secouées.
7	presque vent violent	jusqu'à 60	Arbres bousculés.
8	vent violent	jusqu'à 75	Brindilles et petites branches cassées, difficile de marcher.
9	vent très violent	jusqu'à 90	Cheminées endommagées, revêtements de toitures emportés, branches cassées.
10	tempête	– 100 +	Arbres déracinés, graves dégâts aux bâtiments.

AVEC LES SATELLITES

On utilise les satellites pour les prévisions météorologiques. Certains sont des stations qui tournent en suivant la rotation de la Terre. D'autres tournent autour de la Terre et prennent des photos de la surface. Le satellite Météosat photographie environ un quart de la surface terrestre chaque 30 minutes. Les satellites reçoivent aussi des informations des navires-météo et des ballons et servent de relais avec les centres-météo de la Terre.

JAUGE = PLUIE

Tu peux enregistrer le temps toi-même de plusieurs façons.

Trouve un thermomètre extérieur. Place-le dans un endroit sûr à l'extérieur et relève la température chaque jour à la même heure : fais un graphique ou note tes résultats.

Cela te montrera si le temps se réchauffe ou non.

Une autre méthode est d'installer une jauge pour la pluie. Utilise une bouteille en plastique transparent : tu coupes le haut de ta bouteille et le retournes pour en faire un entonnoir. Inscris des mesures sur la bouteille avec une règle. Tu places ta bouteille dehors et tu vérifies le niveau d'eau toutes les semaines. Tu sauras ainsi évaluer les précipitations.

NUAGES

Si tu connais les différentes catégories de nuages, tu sauras mieux prévoir le temps. Les cirrus sont les nuages filamenteux. D'autres qui ressemblent à des boules de ouate sont appelés les cumulus. Les nuages en couche s'appellent les stratus. Les cumulo-nimbus sont signe de pluie ou d'orage. En principe, ils sont noirs ou gris foncé.

cirrus

cumulo-nimbus

TEMPS BIZARRE

Le temps est parfois bizarre sur notre planète.
Quelquefois quand il pleut en Europe, au même moment une pluie de sable fin tombe sur le Sahara.
En Italie, les gens lancent des fusées dans les nuages pour briser les grêlons avant qu'ils ne tombent et détruisent les récoltes.
La température à Helsinki en Finlande peut atteindre –20 °C.

Un des plus graves accidents provoqués par la foudre date de 1769 à Brescia en Italie.
Un éclair était tombé sur 100 t de poudre à canon qui explosèrent, tuant 3 000 personnes.
Une aurore boréale peut être observée au nord de l'Hémisphère Nord.
C'est un magnifique jeu de lumière dans le ciel de la nuit.
On en voit généralement après une

explosion que l'on appelle le flamboiement solaire, quand la surface du Soleil devient soudain plus lumineuse.
Une aurore boréale est habituellement vue depuis les régions de l'Arctique, mais on l'a vue quelquefois à des centaines de kilomètres au sud de cette région.

VERS

La prochaine fois que tu regardes un film sur la jungle humide, garde tes yeux grands ouverts pour les sangsues ! Et quand tu marches dans l'herbe, sois attentif et essaye de repérer des déjections de vers. Ce sont ces petits tas que tu trouves sur l'herbe. Bonne chasse aux vers !

QU'EST-CE QU'UN VER ?

Si tu vas dans ton jardin et que tu creuses un peu, tu risques bien de voir un ver de terre.

Le corps des vers de terre se divise en deux parties. Leur bouche est à une extrémité, ils n'ont pas vraiment de tête. Ils n'ont pas d'oreilles, pas de nez, pas d'yeux et pour sentir, ils utilisent leur peau.

Le ver de terre a de petits poils cornés le long de son corps, sauf aux extrémités. Cela l'aide dans ses déplacements sur le sol.

C'est aussi ce qui le fixe à son terrier. Les premiers vers sont apparus il y a environ 5 milliards d'années.

OÙ LES VERS VIVENT-ILS ?

La plupart des vers de terre vivent dans des terriers. Ils se frayent un passage dans le sol en mangeant la terre. Cette terre traverse leur corps et ressort sous la forme de déjections.

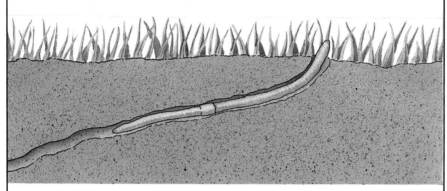

On trouve aussi des vers dans les rivières et dans la mer.
Le tubifex vit dans l'eau fraîche et passe son temps la tête en bas dans la boue où il cherche de la nourriture. Sa queue agite l'oxygène dans l'eau, ce qui l'aide à respirer. Les arénicoles s'enterrent dans le sable et se nourrissent de sable. On remarque une petite fosse d'un côté de leur terrier et un tas de sable de l'autre.

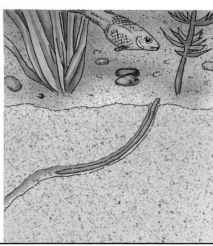

VERS MYSTÉRIEUX

Certains vers vivent à l'intérieur d'autres créatures : ce sont les parasites. On trouve quelquefois des ténias dans les oiseaux, les poissons et autres animaux.

Le ver solitaire est un parasite qui vit aussi bien chez les animaux que chez l'homme. Il est souvent petit et inoffensif, mais peut atteindre une longueur surprenante.

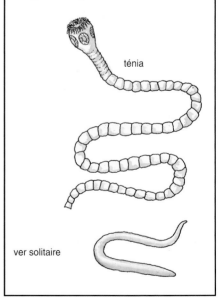

ténia

ver solitaire

ÉLEVAGE DES VERS

Si tu veux étudier les vers de plus près, tu peux construire un terrarium. Il te faut deux faces en plastique et deux côtés en bois.

Mets-y différentes qualités de sols afin de pouvoir observer comment les vers creusent et utilisent la terre. Le meilleur moment pour trouver des vers de terre est l'automne. Mets des feuilles sur la terre, mais aussi tu peux tenter de les nourrir avec des bouts de pomme. Place ton terrarium dans un endroit frais et sombre.

N'oublie pas de remettre tes vers dans leur habitat naturel après quelques semaines.

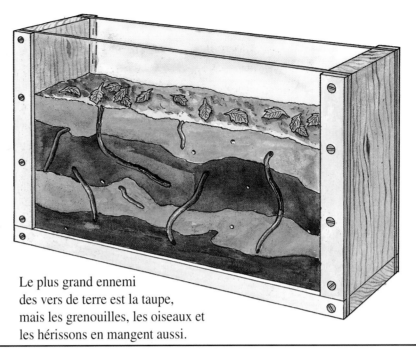

Le plus grand ennemi des vers de terre est la taupe, mais les grenouilles, les oiseaux et les hérissons en mangent aussi.

SUCEURS DE SANG

Les sangsues ont longtemps été utilisées par les docteurs pour purifier le sang. Les docteurs pensaient alors que leurs malades avaient trop de mauvais sang.
Les sangsues aspirent le sang de leurs victimes en perçant la peau. Certaines variétés plus grosses peuvent sucer tout le sang de petits animaux comme un serpent et de petits insectes.

HISTOIRES DE VERS

Peux-tu trouver un ver qui marche dans le vide ? Tu places deux livres à quelques centimètres l'un de l'autre, tu mets deux linges humides dessus. Sur l'un des deux tu mets le ver, et tu observes. Le ver va-t-il traverser l'espace vide ?

Le ver le plus lourd au monde vit au Brésil et peut peser jusqu'à 300 g.

Le ver annelé le plus long jamais trouvé mesurait 111 cm.

Le ver le plus long du monde, *Megascolides australis*, peut mesurer plus de 2,50 m de long.
Il vit en Australie.

LES ORVETS

Certains vers ne sont pas des vers, comme les orvets. Ce sont en fait des lézards sans membres. On peut dire que ce ne sont ni des serpents ni des vers à cause de leurs paupières. Ils sont vivipares et mangent des limaces. Ils vivent en général sous les pierres dans des endroits humides et sortent le soir.

JOUONS AVEC LES PLANTES

Le jardinage est un passe-temps très populaire. Ce n'est pas facile, mais c'est un travail agréable, qui n'exige pas que tu aies un grand terrain. D'ailleurs, un rebord de fenêtre ensoleillé est une place de choix pour faire pousser des graines. Dans cette page, tu trouveras un certain nombre d'activités à faire avec les plantes. Prends toujours bien soin de tes plantes et donne-leur de la lumière et de l'eau.

OBSERVE CE QUI POUSSE

Si tu habites en ville, tu peux créer ton propre jardin miniature dans un bac à fleurs ou même à l'intérieur sur le rebord de la fenêtre.

Pour faire ton bac à fleurs, trouve un bac assez profond avec un système de drainage qui permette à l'eau de s'écouler. Remplis le fond avec de petits cailloux ou des pierres et ensuite remplis ton pot avec du compost ou de la terre pour empotage. Place ton bac dans un endroit éclairé et n'oublie pas que les plantes une fois en terre ont besoin d'eau. La terre doit toujours être légèrement humide. Pourquoi ne pas essayer un pot de géranium ou une primevère ?

Tu peux faire la même chose avec un bac de jardin. Cette fois, tu peux choisir des capucines ou des œillets d'Inde.

MAIS ENCORE...

Voici d'autres manières de faire pousser des choses.

Coupe les fanes de carottes et place-les dans une soucoupe remplie d'eau. Pose-la sur un rebord de fenêtre ensoleillé. Garde bien humide et regarde grandir.

Il est intéressant de faire cette expérience avec le sommet de l'ananas. Tu le coupes en gardant un peu du fruit. Tu le laisses sécher. Quand le fond est sec, traces-y des sillons avec un couteau et place-le dans un pot avec du compost humide et des pierres au fond. Mets un sac en plastique comme le montre le dessin pour garder l'humidité. Place dans un endroit ensoleillé. Dès que l'ananas commence à pousser, tu enlèves le sac.

GRAINES

L'étude des graines est vraiment intéressante. Tu peux réunir par exemple certains fruits comme la poire, la pomme, l'orange, et le kiwi. Tu les coupes en deux pour voir l'intérieur. Combien de pépins as-tu trouvés dans chaque fruit ? Pourquoi les oranges ont-elles beaucoup de pépins alors que les pêches ou les prunes n'ont qu'un noyau ?

Sur une feuille, dessine ce que tu vois.

DISPERSION DES GRAINES

Il y a plusieurs manières pour les graines de se disperser. Par exemple, un concombre mûr qui se fend sème ses graines partout !

Certaines graines sont répandues par le vent. Quand tu souffles sur un pissenlit, les graines du fruit s'envolent. Les graines du sycomore sont aussi emportées par le vent.

Certaines graines, comme la bardane, ont de petits crochets. Les graines s'accrochent aux animaux de passage, et tombent plus loin.

Les oiseaux transportent aussi les graines. Ils mangent les fruits et rejettent les graines plus loin.

L'eau est aussi un bon véhicule pour les graines. Ces dernières tombent dans les rivières, les cascades ou la mer et prennent ensuite racine plus loin.

Peux-tu trouver d'autres moyens de dispersion ?

LE SAVAIS-TU ?

Une des premières personnes ayant étudié les plantes et les ayant classées est un botaniste suédois, Carl Linneaus. Il vécut entre 1707 et 1778. Enfant, déjà, il aimait observer les plantes. Plus tard, il voyagea jusqu'en Laponie pour découvrir de nouvelles variétés.

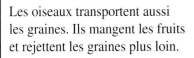

COMMENT ÇA POUSSE

Tu peux t'amuser à faire pousser des haricots en utilisant du papier buvard ou du journal humide. Trouve un pot en verre vide et mouille du buvard ou du papier journal. Coupe-le afin qu'il entre dans le pot. Mets quelques cailloux au fond du pot. Glisse des graines de haricots entre le pot et le buvard.

Place ton pot dans un endroit chaud et ensoleillé et regarde ce qui se passe. Si tu vois les germes, retourne-les vers le bas et note s'il y a une différence dans la manière de pousser.

Certaines graines poussent très vite comme la moutarde, le cresson et la luzerne. Tu trouves ces graines dans les magasins spécialisés. Mets du papier absorbant ou de la ouate dans un plat et sème quelques graines. Tu verras comme elles poussent vite. Tu peux aussi essayer avec de l'herbe.

Et si tu avais mis ton plat dans un placard sans lumière, que se serait-il passé ?

Quand tes plantations ont poussé, tu coupes les feuilles et les tiges et tu les mets dans ton sandwich ou ta salade.

Voici une autre expérience avec des herbes aromatiques. Choisis du persil ou du basilic que tu plantes dans du compost humide. Couvre le pot avec une pellicule de plastique. Quand les graines ont germé, tu enlèves la pellicule de plastique et tu places le pot au soleil. Certaines graines sont plus longues que d'autres à germer. Dès que tes herbes ont poussé, tu peux les couper et les consommer.

EMPREINTES

Tiens-toi à côté d'un ami devant un miroir.
Est-ce que sa bouche est comme la tienne ?
Ses cheveux ont-ils la même couleur ?
Nous sommes tous différents par notre aspect

et aussi par notre personnalité. Les différences apparentes sont sans importance, tous les êtres ont des caractéristiques communes importantes.

LE CORPS

Tiens-toi à côté d'un ami devant un miroir. Relève toutes les différences entre vous. Nous sommes tous différents d'une manière ou d'une autre. Par exemple, tes yeux sont d'une couleur différente de celle de ton ami.

Les gens sont aussi différents par leur personnalité. Certains sont calmes de nature, tandis que d'autres sont bruyants. Certains aiment lire, d'autres préfèrent le jeu et le sport.

L'endroit où l'on habite a aussi son influence sur ce que l'on est. On peut vivre à la campagne ou en ville, au bord de la mer ou en montagne. Cependant, où qu'on vive et quoi qu'on aime faire, on a tous une chose en commun : endormis ou éveillés, on a besoin d'énergie pour vivre.

L'énergie vient de la nourriture mais aussi de l'oxygène que l'on respire. On la mesure en calories. Regarde sur les boîtes alimentaires la prochaine fois que tu fais des courses. Tu remarqueras par exemple que les aliments sucrés, comme le chocolat, sont très riches en calories.

Le grand consommateur de notre énergie est le mouvement. Certains de nos mouvements sont automatiques comme le battement du cœur, les autres sont volontaires ; le cerveau commande nos muscles.

FORCE MUSCULAIRE

Ton corps a beaucoup de muscles. Que tu sois allongé ou assis, ou que tu bouges, tes muscles travaillent dur.
Tu as plus de 600 muscles dans ton corps.

Si tu dois faire quelque chose d'énergique, tu devras renforcer tes muscles pour qu'ils puissent assumer leur tâche. Les marathoniens se font les muscles des jambes en courant et les haltérophiles s'entraînent pour accroître la force musculaire de leurs bras et de leur torse.
Les danseurs font beaucoup d'exercices pour muscler leurs jambes.

Demande à quelqu'un de dessiner ta silhouette sur une grande feuille de papier, et ensuite tu peux noter les différents muscles que tu connais.

EMPREINTES DIGITALES

Tes empreintes digitales sont uniques. Personne, même de vrais jumeaux, n'a les mêmes.

La police se sert de ces empreintes pour élucider certains crimes. Elle relève les empreintes pour les comparer à celles de son fichier et quelquefois, les empreintes correspondent.

Il est bien facile de prendre ses empreintes. Sur un papier blanc, tu appuies très fort tes doigts sur lesquels tu as mis de l'encre noire (après avoir vérifié que tu pourrais l'enlever facilement).

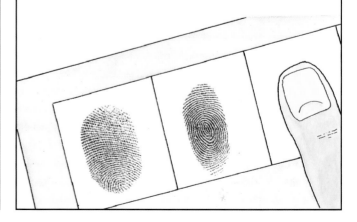

SQUELETTES

Il y a plus de 200 os dans un squelette humain adulte.
Si tu te casses un os, il guérira dans la mesure où il est
maintenu dans la bonne position pendant un certain
temps. En vieillissant, nos os sont de plus en plus fragiles
et se cassent donc plus facilement.

À l'intérieur de tes os, il y a la moelle. C'est la moelle
qui fabrique de nouvelles cellules sanguines.

Ton squelette tient ton corps. Certaines parties sont une
protection. Ton cerveau est recouvert par ton crâne et
ton cœur est protégé par les côtes. Les 26 os de l'épine
dorsale, les vertèbres, protègent les nerfs qui courent
le long de la colonne vertébrale.

On trouve des squelettes d'animaux, de poissons et
d'humains qui ont des milliers d'années. Ce sont
des fossiles, qui se forment si les os sont enterrés
longtemps dans certaines conditions. Par exemple, les os
de dinosaures étaient souvent enterrés sous des couches
de bonne terre. Avec les années, les minéraux contenus
dans les os se sont transformés en de solides pierres. Cela
nous donne beaucoup d'éléments sur la vie autrefois.

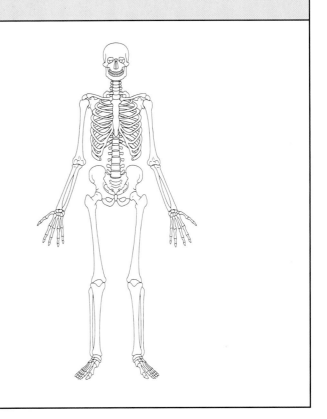

ALIMENTATION

On a besoin de nourriture pour
grandir et rester en bonne santé.
Il y a des années, les marins ne
mangeaient pas de légumes et de
fruits frais en mer, ce qui était à
l'origine du scorbut, une maladie
grave qui leur faisait perdre leurs
dents, leur causait des hémorragies,
etc.
Un régime équilibré comprend
des protéines, des vitamines,
des hydrocarbures et des fibres.
Certains aliments sont très
vitaminés, comme les oranges et
les citrons, tandis que d'autres sont
très énergétiques ; mais attention, si
tu en manges trop, gare aux caries.

EMPREINTE DE PIED

Quelle est la taille de ton
pied ?

Prends un papier quadrillé
et dessine le contour de ton
pied. Compte les carreaux.
Combien en as-tu couvert ?
Pour ne pas te tromper,
colorie les carrés au fur et à
mesure que tu les comptes.

Tu peux t'amuser à
comparer tes pieds avec
ceux de ta famille ou de
tes amis. Qui as le plus
grand ou le plus petit ?

Dessine aussi ta chaussure,
puis ton pied à l'intérieur,
pour voir si tu es à l'aise
dedans.

Mesure aussi tes orteils et
compare-les avec ceux
d'un adulte. Y a-t-il une
différence de taille ?

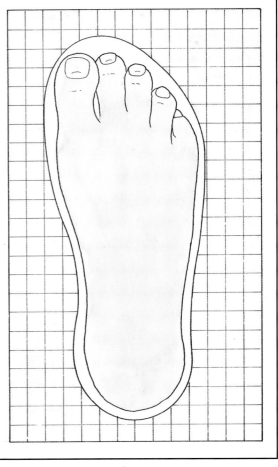

DEVINETTES EN ABONDANCE

Voici un ensemble de devinettes qui vont occuper ton esprit pour quelque temps. Certaines sont très vieilles, de plusieurs siècles même. On raconte beaucoup d'histoires sur des marins qui s'occupaient avec des devinettes pendant leurs longs voyages. Mais tu n'es pas obligé de partir en mer pour résoudre celles-ci !

DES CARRÉS

Regarde ces deux dessins et essaye de dire lequel contient le plus de carrés ?

1

2

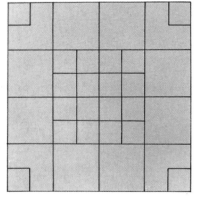

COMBIEN ?

Pauline et Denis travaillent dans une fabrique de jouets où ils rangent des ballons de couleurs dans des boîtes. S'ils ont un ballon rouge, un vert, un jaune et un bleu à ranger dans une boîte à quatre compartiments, peux-tu dire quelles sont les différentes manières de ranger les ballons ? Le dessin doit t'aider à démarrer.

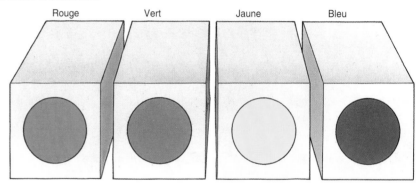

S'ils avaient un ballon en plus de couleur différente et une boîte à cinq compartiments, saurais-tu trouver toutes les manières possibles de ranger les ballons ?

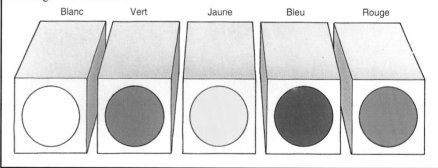

LE JEU DE DÉ

Tu as besoin d'un dé et d'une feuille de papier. Avant de commencer, devine combien de fois le dé montrera le un, le deux, etc... si tu joues dix fois.

À la fin du jeu, tu vérifieras ton estimation.

Essaie de nouveau en jetant le dé vingt fois. Tes résultats sont-ils meilleurs ?

Tu peux faire le même jeu en utilisant deux dés. Quel nombre ne sortira jamais ?

ENTRER ET SORTIR

Brigitte conduit un autobus. Quand elle quitte le dépôt, elle a 3 personnes à son bord. À la Cité, elle prend 15 personnes. L'arrêt suivant est l'école.
Là, 5 personnes descendent et 3 montent. À l'arrêt de la fabrique, elle prend 12 passagers, mais elle en laisse aussi 4. Un train vient juste d'entrer en gare quand elle y arrive : 8 personnes montent et 2 descendent. Combien y a-t-il de gens dans l'autobus quand Brigitte arrive à l'arrêt suivant ?

Maintenant, essaye celle-ci.

Un vol pour l'Australie part avec 256 passagers à bord. À Bombay, 98 passagers descendent et 56 montent. À Singapore, l'arrêt suivant, 25 passagers descendent et 12 montent. Perth est le prochain arrêt, où 100 passagers descendent. Combien de passagers sont-ils encore à bord quand l'avion arrive à Sydney ?

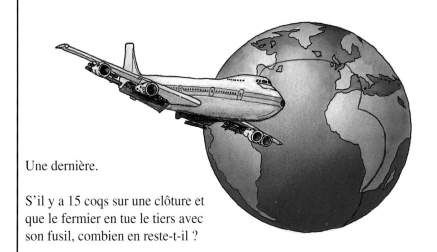

Une dernière.

S'il y a 15 coqs sur une clôture et que le fermier en tue le tiers avec son fusil, combien en reste-t-il ?

SIX ET SEPT

Es-tu bon en calcul mental. Essaye ce qui suit sans calculatrice.

1. 6 x 6 x 6 x 6 x 6 x 6 x 6

2. 7 x 7 x 7 x 7 x 7 x 7 x 7

3. 6 x 7 x 6 x 7

4. 7777 – 6666

5. 767 676 – 676 767

Il y a seize enfants dans la cour. Cinq d'entre eux ont six billes dans leurs poches et trois en ont sept. Combien de billes y aura-t-il dans la cour ?

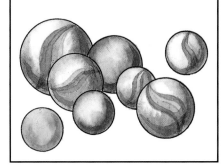

CALCUL MENTAL

Demande à un ami de dire un nombre. Ajoute neuf à ce nombre. Multiplie la réponse par deux et ajoute trois. Puis tu multiplies par trois et tu enlèves trois de la réponse. Divise par six et soustrait le premier nombre. La réponse est toujours dix ! Essaye avec d'autres chiffres.

ILLUSION

Voici quelques tours que tu vas pouvoir faire avec des allumettes, et aussi une pelote de ficelle. C'est exactement le genre de tours dont tes amis diront qu'ils sont impossibles. Mais avec un peu d'aide, tu pourras leur prouver le contraire. Fais bien attention avec les œufs. Essaye de faire tourner un œuf cru et un œuf cuit dur. Arrête-les et lâche-les à nouveau. Lequel continue de tourner ?

CE N'EST PAS POSSIBLE

Comment peux-tu mettre un œuf dans une bouteille sans le casser ?

Ce sera bien difficile. Mais, avec quelques conseils, ce sera simple. Si tu essayes de pousser l'œuf tel quel, la coquille se brisera et tu vas te retrouver avec de l'œuf partout.

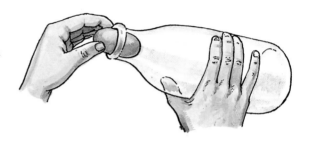

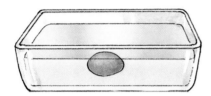

Voilà comment faire. On dit que Christophe Colomb aimait étonner ses amis avec cette expérience scientifique.

Prends un œuf et trempe-le dans le vinaigre pendant 24 heures. S'il n'est pas assez mou, laisse-le 24 heures de plus.

Maintenant, tu peux pousser avec précaution ton œuf dans la bouteille. Une fois dans la bouteille, ton œuf va durcir à nouveau, et là tes amis seront bien étonnés.

ŒUFS INCASSABLES

Un autre tour surprenant est celui de l'œuf qui ne cassera pas. Prends un œuf et serre-le comme sur le dessin. Peu importe la force que tu utilises, il ne cassera pas. Mais si tu le fais d'une autre façon, il cassera. Si tu vois que l'œuf est craquelé, il est préférable que tu te mettes dehors ou au-dessus de l'évier.

Encore une expérience ahurissante : l'œuf flottant. Mets un œuf dans un plat d'eau chaude et ajoute du sel. Au fur et à mesure que tu ajoutes le sel, l'œuf remonte à la surface.

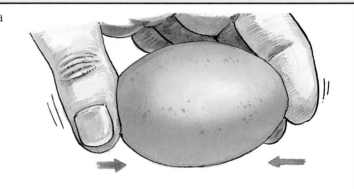

TRIANGLES RUSÉS

Regarde ce triangle et compte combien tu en vois à l'intérieur. Regarde bien sa forme : peux-tu en dessiner un aussi ? Commence par dessiner le triangle et ensuite la ligne AB. Continue avec les lignes BC et BD. Ces lignes coupent les côtés du triangle en deux. Maintenant tu relies DC, et pour finir CE et DF.

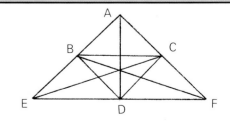

PELOTE DE FICELLE

Voici un premier tour de ficelle !

Comment peux-tu enlever la ficelle sans la débobiner entièrement ?

Prends une paire de ciseaux et attache-les comme sur le modèle avec un bout de ficelle. Demande à un ami de tenir les deux extrémités de la ficelle. Saisis la boucle et tire-la dans le passage du pouce du même côté que les deux ficelles. Passe la boucle par-dessus les ciseaux et enlève la ficelle.

AVEC DES ALLUMETTES

Albert Crookfoot avait six cochons qu'il voulait séparer parce qu'ils se battaient toujours. Il fit des enclos en utilisant treize morceaux de bois de la même taille. Quand il s'aperçut qu'un morceau manquait, il construisit la même chose avec douze piquets. Es-tu aussi intelligent que lui ?

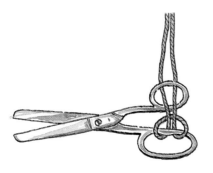

Voici trois triangles. En ne déplaçant que trois allumettes, tu peux faire cinq triangles. Veux-tu essayer ?

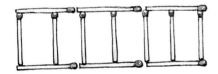

Voici onze allumettes : peux-tu faire en sorte qu'il n'y en ait plus que neuf ? Impossible ?

LE PEIGNE ÉLECTRIQUE

Si tu peignes tes cheveux plusieurs fois, tu devrais pouvoir ramasser quelques minuscules morceaux de papier. C'est une question d'électricité statique.

Le peigne en plastique se charge d'électricité statique quand tu le passes dans tes cheveux, de la même manière qu'un ballon se collera au mur, si tu l'as frotté contre un vêtement en laine.

Ces expériences marchent mieux les jours secs et chauds.

Cherche tout ce que tu peux faire avec ton peigne après l'avoir passé dans tes cheveux. Essaye avec les cheveux de ton ami, et vois si tu peux ramasser autant de papier.

Tu peux aussi séparer le sel du poivre en utilisant ton "peigne électrique". Mets du sel et du poivre mélangés dans une assiette, tiens ton peigne au-dessus et déplace-le doucement. Le poivre saute sur le peigne, alors que le sel ne bouge pas. Le poivre est beaucoup plus léger que le sel. Ne te mets pas trop près du mélange sinon tu attireras les deux !

MAGIE

Cette page de tours de magie est faite pour étonner et amuser tes amis. Tu peux d'abord essayer tout seul avant d'en faire la démonstration. Tu seras peut-être prêt pour les faire pour ton prochain anniversaire et alors tu pourras demander aux gens s'ils savent comment tes tours fonctionnent.

LIGNE DE VUE

Tout ce que tu regardes est interprété par ton cerveau. Mais quelquefois tes yeux te jouent des tours.

Essaye ceci. Tiens ton index gauche à 25 cm de ton nez. Maintenant mets ton index droit à 50 cm de ton nez.

Qu'est-ce que tu vois quand tes deux yeux sont ouverts. Ferme ton

œil droit, qu'est-ce que tu vois maintenant ?
Ouvre à nouveau ton œil droit et ferme le gauche.

Peux-tu expliquer ce qui se passe ?

TOUR D'ÉQUILIBRE

Mets un papier sur le bord d'un verre et place en équilibre une pièce de monnaie sur le bord. Maintenant retire rapidement la feuille de papier sans faire tomber la pièce. C'est possible !

Autre tour : il te faut deux balles de ping-pong, un rouleau vide de papier hygiénique, un morceau de carton et deux gobelets en plastique identiques.

Coupe le rouleau en deux. Mets le carton sur les deux gobelets avec les deux parties du rouleau posées dessus.

Équilibre les balles de ping-pong sur les rouleaux. Maintenant retire le carton de façon que les balles de ping-pong tombent dans les gobelets.

Mais oui, c'est possible !

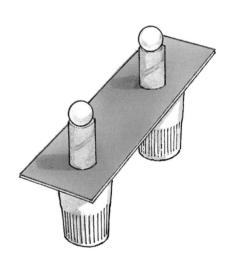

AIR FUYANT

Demande à un adulte de t'aider.
Tu as besoin d'un pot en verre, d'une soucoupe, d'une bougie et d'un peu de pâte à modeler.
Fixe la bougie dans la soucoupe avec la pâte à modeler.
Allume avec précaution la bougie et recouvre-la avec le pot.
Que se passe t-il ? Pourquoi ?
Essaye toujours la même chose mais avec de plus grands récipients.
Pendant combien de temps la bougie brûle-t-elle ?
Certains extincteurs fonctionnent de cette façon en coupant l'apport en oxygène et en étouffant le feu.

L'OCTOGONE MAGIQUE

Trouve un morceau de carton mince et dessine l'octogone ci-dessous. Découpe-le et dessine la flèche horizontale sur une face et tournée vers le haut sur l'autre face.

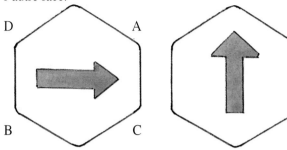

Prends la forme entre ton pouce et ton index, en vérifiant que la flèche pointe bien vers la gauche.

Tiens la forme par les points A et B retourne-la pour montrer à un ami que l'autre flèche est dans le même sens.

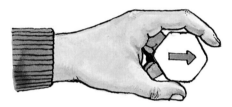

Maintenant, retourne la carte (position de départ) et demande à ton ami s'il pense que la flèche sera encore dans la même direction, si tu retournes la carte encore. Il va sûrement répondre oui. Alors retourne la carte pour lui montrer que la flèche va dans une autre direction.

Pour le faire, tu changes tes doigts de place vers C et D, et la flèche change de direction. Dès que tu maîtrises bien ce tour, tu peux le faire dans n'importe quel sens.

PLIAGES

Les tours avec du papier plié sont aussi très surprenants.

Au Japon, l'art du pliage dans les formes élaborées s'appelle origami. En japonais *ori* signifie plier et *gami*, vient de *kami*, c'est-à-dire papier. En pliant du papier, on arrive à créer des formes.

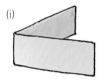

Coupe une bande de 30 cm de long sur 6 cm de large. Plie ce papier en deux, puis encore en deux et ainsi de suite.

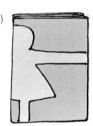

Dessine la moitié d'une personne, la tête touchant le côté plié et le bras touchant le bord extérieur.

Coupe la forme, sauf les mains, et ouvre-la. Si ta ribambelle tombe, alors essaye encore une fois !

DE L'EAU ET DE L'AIR

Fais cette expérience au-dessus de l'évier ou au-dessus d'un bol, au cas où !

Remplis un verre en plastique d'eau. Fais glisser un carton sur le dessus du verre et retourne-le. Le carton ne doit pas bouger. C'est la pression de l'air qui fait que cette expérience est possible.

Mets la main devant ta bouche et souffle. Ce que tu sens dans ta main, c'est la pression de l'air.

UNE PAGE DE PROBLÈMES

Voici quelques problèmes pour te mettre à l'épreuve. Pas si difficiles en fin de compte ! Prends ton temps et réfléchis bien.
Le problème des pièces devrait en déconcerter plus d'un, alors assure-toi bien de ne pas éliminer des solutions trop vite. Tu peux toujours inventer d'autres problèmes et jeux de contraires auxquels tu soumettras tes amis.

LES CONTRAIRES

Les mots sont fascinants mais que sais-tu d'eux ? Voici quelques contraires pour t'entraîner.

Quelques faciles :

chaud
mauvais
ouvert
gros
petit

Maintenant des plus difficiles :

sérieux
dangereux
détendu
minuscule
ennuyeux

Et enfin :

bébé
nerveux
sobre
lâche
violent

HALLUCINANT !

Voilà un jeu extraordinaire !

Prends une feuille de papier carrée et dessine une forme composée de cinq carrés. Tu devrais pouvoir faire douze formes différentes à partir de cinq carrés.

Coupe ces différentes formes et mets-les ensemble. Tu dois pouvoir faire un rectangle. Tu peux aussi essayer de faire trois rectangles de tailles différentes avec les formes.

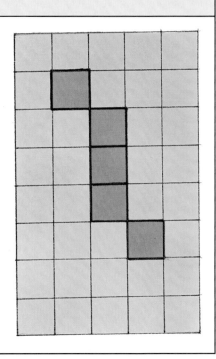

HISTOIRES DE FAMILLE

Essaye de résoudre ces problèmes :

1. Deux personnes se trouvent à une petite fête. Le monsieur dit en montrant un garçon : "C'est mon neveu." Sa sœur dit : "Ce n'est pas mon neveu." Peux-tu expliquer cela ?

2. Quand j'aurai l'âge que mon frère a maintenant, ma sœur aura 3 ans de plus que j'ai aujourd'hui, et mon frère aura 12 ans de plus que ma sœur aujourd'hui. Si nous avons aujourd'hui tous ensemble 57 ans, quel âge avons-nous ?

3. Mon père a 21 ans de plus que moi. Dans 12 ans, il aura deux fois mon âge. Quel est mon âge ?

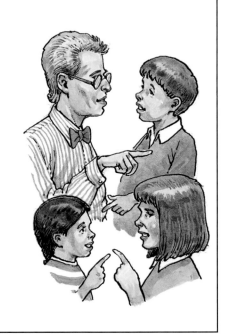

QUELS PROBLÈMES !

Si ma sœur a 21 ans et qu'elle a 8 ans de plus que moi, que mon frère a 15 ans et 2 ans de plus que moi, quel est mon âge ?

Deux mères et deux filles entrent dans un magasin de bonbons et en achètent en tout 2,500 kg.
Si elles ont toutes acheté la même quantité, combien de grammes de bonbons ont-elles chacune ?

Dans 4 ans, Susie aura deux fois l'âge qu'elle avait il y a 11 ans. Quel âge a-t-elle ?

Un avion s'est écrasé dans la jungle. Où a-t-on enterré les survivants ?

PIÈCES DE MONNAIE

Place douze pièces de monnaie sur la table de manière à ce qu'il y ait un nombre pair de pièces sur chaque ligne et afin d'avoir trois lignes droites.

Dessine cette grille sur une feuille.

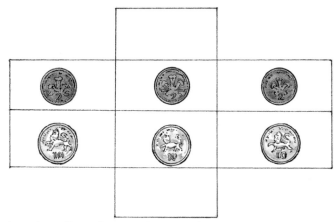

Mets trois petites pièces de monnaie sur la ligne du haut, et trois plus grandes sur celle du bas.
Tu dois mettre les petites pièces à la place des grandes, mais tu ne peux bouger qu'une pièce à la fois.
Tu déplaces d'abord une grande pièce puis une petite. Tu peux les déplacer en diagonale, en avant, en arrière ou sur les côtés, mais d'un seul carré à la fois, et il doit être vide.

Combien de déplacements sont nécessaires ?

L'HEURE DE S'ARRÊTER

1. S'il est 12 : 47, quelle heure sera-t-il dans une heure 10 minutes ?

2. Je prends le train à 6 : 13 et le voyage dure une heure 38 minutes. À quelle heure le train arrive-t-il ?

3. Je dois être à l'école à 9 heures. S'il me faut 12 minutes pour y aller et qu'il est 8 : 53, je serai en retard de… ?

4. La pendule sonne minuit et je suis réveillé depuis 24 minutes. À quelle heure est-ce que je me suis réveillé ?

5. Si mon train part dans 27 minutes et qu'il est maintenant 14 : 35, à quelle heure part-il ?

QUELLES CARTES !

Les longs voyages sont quelquefois ennuyeux si tu n'as rien à faire. Ou, si tu te trouves enfermé à la maison par un jour de pluie, tu te mettras sans doute en quête de quelque chose pour t'occuper.

Une bonne manière de s'occuper est de jouer aux cartes.
Voilà quelques jeux et quelques tours aussi que tu aimeras sûrement essayer.

JOUE AVEC UN MOT

Pour ce jeu, il faut être au moins trois. Si vous êtes trois, il te faut deux pièces de monnaie ou deux cuillères. Si vous êtes quatre, il t'en faut trois, et ainsi de suite, toujours une pièce ou une cuillère de moins que le nombre de joueurs.

Donne à chaque joueur un morceau de papier sur lequel il sera écrit SINGES. Mets un crayon au milieu avec les pièces ou les cuillères.

Pour trois joueurs, il te faut quatre dames, quatre rois et quatre as. Pour quatre joueurs, il te faut en plus quatre valets, et ainsi de suite. Pour chaque joueur supplémentaire, il te faut les quatre cartes suivantes.

On bat les cartes et on les distribue, sans les montrer, à raison de quatre par joueur.

Chaque joueur regarde son jeu. Il prend une carte qu'il place à sa gauche sur la table, face cachée. Ensuite, il ramasse la carte qui est à sa droite, c'est-à-dire celle que le joueur de droite a posée. Mais il ne doit jamais ramasser cette carte avant d'en avoir posé une de son jeu.

L'idée est de réunir les quatre cartes du même groupe, par exemple quatre valets ou quatre as.

Dès qu'un joueur y parvient, il pose les cartes sur la table en montrant son jeu, et le gagnant prend une cuillère ou une pièce de monnaie. Au même moment les autres joueurs essayent aussi de prendre une pièce ou une cuillère. Celui qui n'en a pas barre la première lettre du mot SINGES. Le jeu reprend à nouveau. C'est la première personne qui a barré toutes les lettres du mot SINGES qui a gagné.

BATAILLE

Voilà une des variantes de la Bataille. Il faut être au moins deux pour jouer à la Bataille. Un des joueurs mélange les cartes et les distribue face cachée. Personne ne regarde ses cartes. La personne à gauche de celui qui a distribué commence : elle pose sa première carte au milieu de la table face en dessus. Le joueur suivant fait de même en plaçant sa carte sur l'autre. On continue ainsi jusqu'à ce qu'un valet, une dame, un roi ou un as apparaisse. Le joueur suivant doit alors poser plus de cartes : une de plus pour le valet, deux pour la dame, trois pour le roi et quatre pour l'as.

Si les cartes sont des cartes de nombres, le joueur qui avait posé le valet, la dame, le roi ou l'as prend toute la pile. Mais si une des cartes posées est une figure ou un as, alors le joueur suivant doit à son tour poser des cartes en plus. S'il ne pose que des cartes avec des nombres, alors celui qui avait posé la figure prend la pile, sinon on continue avec le quatrième joueur.

Le gagnant est celui qui a toutes les cartes en mains. Si un des joueurs n'a plus de cartes au cours du jeu, il est éliminé.

TU MENS !

Pour jouer au Menteur, il faut être au moins trois, le but du jeu étant de se débarrasser de toutes ses cartes. On distribue les cartes face cachée. Chaque joueur prend son jeu. Le premier joueur, celui qui se trouve à gauche de celui qui a distribué, pose une carte face cachée sur la table, en annonçant ce qu'il pose. Le suivant fait la même chose, mais il doit poser la carte juste au-dessus ou juste au-dessous de celle posée avant. Si on avait annoncé un six, il devrait poser un cinq ou un sept.

Une fois que le jeu a commencé, un joueur peut poser jusqu'à quatre cartes du même nombre en même temps.

Si tu n'as pas la bonne carte, tu devras mentir.

Si tu mens, les autres joueurs peuvent crier "Menteur" ! S'ils le font, tu dois retourner ta carte ou les cartes que tu as posées. Si tu as menti, et qu'ils ont raison, tu dois ramasser toute la pile de cartes. S'ils se sont trompés, les autres joueurs ramassent les cartes. Le vainqueur de ce pari joue alors en premier. On peut donc recommencer avec une nouvelle carte. C'est la première personne qui se sera débarrassée de toutes ses cartes qui aura gagné.

TRICHERIE DE ROI

Prends les rois et deux valets d'un paquet de cartes. Range les cartes de la façon suivante : les rois face vers toi et les deux valets derrière le troisième roi. Tu devras toujours préparer tes cartes sans être vu. Ensuite tu montres seulement les quatre rois, en laissant les valets cachés. Dis que tu vas mettre les quatre rois sur le paquet. Tu prends ensuite la carte du dessus et annonce que tu déplaces un des rois. Sans montrer ta carte à l'auditoire, mets-la sous le paquet. Tu prends la carte suivante que tu mets n'importe où, tu fais de même pour la suivante. Tu coupes le paquet en deux et tu places le bas sur le haut du paquet. Tu donnes alors les cartes à quelqu'un qui trouveras les quatre rois ensemble.

TOURS DE CARTES

Dans un paquet, prends 21 cartes. Fais-en choisir une à quelqu'un sans qu'il te dise laquelle. Partage le paquet en trois tas égaux, face dessus. Demande à la même personne de te dire dans quelle pile est sa carte.

Remets les cartes ensemble en t'assurant que le tas choisi est le deuxième que tu prends.

Partage à nouveau les cartes en trois paquets et pose la même question.

Encore une fois, rassemble les paquets en faisant attention de prendre le paquet choisi en deuxième.

Tu recommences une fois de plus.

Tu comptes alors les cartes une à une. La onzième carte sera la bonne.

Surprenant, non ?

RÉPONSES ET SOLUTIONS

Pages 12-13

DEVINETTES

1. Manteau - Chapeau - Chameau - Rouleau - Marteau - Tableau - Poireau - Tonneau - Plateau - Morceau - Corbeau - Cordeau
2. Fred est le petit-fils de Jacques.

AMUSE-TOI AVEC LES NOMBRES

1. Maxime avait 8 billes, Robert 12 et Danielle 16.
2. Le sac pèse 4 kg.
3. Il est 8 : 28.

L'INTRUS

13 ; 14 (+2)

25 ; 30 (+5)

14 ; 17 (+2, +3)

31 ; 35 (+7 ; +4)

9 ; 3 (+3 ; – 6)

19 ; 26 (–5 ; +7)

39,375 ; (4,921875 (x3 ; /4 ; x5 ; /6 ; *etc.*)

198,41 ; 24,8 (/2 ; /3 ; /4 ; *etc.*)

452 (ne peut pas se diviser par 3)

Pages 14-15

DE PLUS EN PLUS DE MOTS
BOSSE, SOS, BOL, BELLE, SOLEIL

GÉNIE PUR

1. 3 628 800
2. 20 000 000
3. Pour obtenir 224 : 222 + 2, 448/2 ; 228 – 4 ; 896/4.

PENSE À UN NOMBRE
Après la deuxième réponse, on ne rencontre plus de nouveaux nombres.

Page 17

JEU
Avec 4 couvercles, il faut au moins 15 manipulations.

Pages 20-21

CARRÉS MAGIQUES

12	7	14
13	11	9
8	15	10

15	8	1	24	17
16	14	7	5	23
22	20	13	6	4
3	21	19	12	10
9	2	25	18	11

TROIS COLONNES

8	1	6
4		2
3	5	7

Page 23

NOMBRES "À GOGO"

IMPAIR X PAIR = PAIR

PAIR X PAIR = PAIR

IMPAIR X IMPAIR = IMPAIR

Page 32

RESSEMBLANCE
Avion n° 3

PROBLÈME DE LOCAUX

TOUS LES MÊMES
Bateaux n° 4 et 6

Page 38

NOMS, VISAGES ET NOMBRES
Peux-tu donner des noms à ces visages ?

Pages 40-41

LA FOLIE DES COURSES
Vrai. La course de Horatio Bottomley s'est déroulée juste avant la Première Guerre mondiale à Blackendburg en Belgique.

HISTOIRES VRAIES

1. Vrai.
2. Faux, le livre le plus lourd pèse 252 kg.
3. Faux, il est de Roald Dahl.
4. Vrai.
5. Vrai.

VISAGE GRAVÉ
Personne ne sait si cette histoire est vraie ou non.

RÉEL OU IMAGINAIRE ?

1. Faux, elles sont en Amérique du Sud.
2. Vrai, sa surface est de 165 millions de km².
3. Vrai.
4. Faux, le mont Everest est dans l'Himalaya.
5. Faux, Helsinki est plus au nord que New York.
6. Vrai, il y a eu de la poussière de cette explosion jusqu'à Londres.
7. Vrai, on les utilise pour produire de l'électricité.
8. Faux, il fait trop chaud en Indonésie.
9. Vrai.
10. Faux, il fait environ 9 km d'altitude.

LE TOUR DU MYSTÈRE
Vrai : cette histoire est arrivée à M. et Mme Farmer en 1971.

Pages 42-43

COMBIEN DE GOURMANDS ?
Il y avait 87 enfants à l'anniversaire de Simon ; 29 ont pris 2 bonbons, 3 en ont pris 3 et 55 en ont pris un seul.

ORIGINE
Géranium, pissenlit, tournesol, chrysanthème, tulipe, dahlia, rose, girofle, œillet.

Page 46

CODES ET CHIFFRES
RDV ce soir au musée.

Pages 48-49

RÉBUS

Un abbé a traversé Paris sans souper.

CRYPTOMOTS

1. C'est assez facile.
2. Casse-tête.

Pages 50-51

L'INTRUS

Voici les intrus.

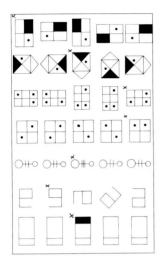

TROIS CARRÉS

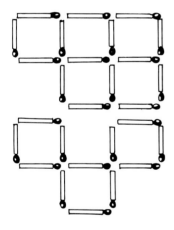

JEU

Déplace la pièce 4 pour qu'elle touche 5 et 6.

Déplace 5 pour qu'elle touche 1 et 2.

Déplace 1 pour qu'elle touche 4 et 5.

Pages 58-59

FRUIT FLOTTANT

L'orange pelée va couler parce que le fruit est plus dense que la peau.

La pomme, la banane et la tomate flottent.

QUELLE COLLE !

L'eau supporte le bateau ce qui l'empêche de couler.

Page 68

TEMPS DE RÉACTION

Il faut le temps pour que le sifflement atteigne les coureurs et que leur cerveau leur donne le signal : c'est ce qui explique le temps mort.

PROBLÈME

Un million de secondes.

Pages 70-71

LES INTRUS

Fou de Bassan (oiseau de mer). Brun (tous les autres mots ont cinq lettres).

New York (toutes les autres villes sont des capitales).

Pain (il n'y a que des liquides).

Fils (tous les autres mots finissent par -Re).

COMPLÈTE

1. 123 + 345 = 468
2. 265 + 324 = 589
3. 678 − 536 = 142
4. 25 x 5 = 125
5. 1000 + 1500 = 2500
6. 1500 / 15 = 100
7. 20 x 7 = 140
8. 10 + 10 + 1180 = 1200
9. 6 x 30 = 180
10. 5 x 3 + 10 = 25

GÉNÉALOGIE

1. Grand-père
2. Sœur
3. Belle-sœur
4. Frère
5. Petit-fils

TOURBILLONS

A–B   B–C   C–D   D–E   E–C
C–A   A–D   D–B

LOGIQUE

1. JEAN
2. RUSSE
3. JUSTINE
4. JEAN

Pages 80-81

COMBIEN ?

Avec 4 couleurs, 24 manières différentes.

Avec 5 couleurs, 120 manières différentes.

LE JEU DE DÉ

Le nombre un ne sortira jamais avec deux dés.

ENTRER ET SORTIR

● Il y a 30 personnes dans l'autobus.

● Il y a 101 passagers déposés à Sydney.

● Il n'y a plus de coqs. Ceux qui restaient se sont envolés en entendant les coups de feu.

SIX ET SEPT

1. 279 936
2. 823 543
3. 1764
4. 1111
5. 90 909

Il y aura 51 billes.

Page 83

AVEC DES ALLUMETTES

● Voici les cochons de M. Albert Crookfoot.

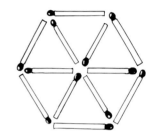

Voici comment faire

● Cinq triangles en partant de trois.

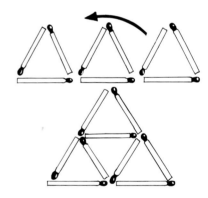

● Il n'y a que 9 allumettes utilisées.

Page 84

LIGNE DE VUE

Quand tu fermes un œil, tu vois ton doigt plus loin dans un angle différent.

AIR FUYANT

La bougie a besoin d'oxygène pour brûler. Dès qu'elle a consommé tout l'oxygène du pot, elle s'éteint.

Pages 86-87

LES CONTRAIRES

Chaud	Froid
Mauvais	Bon
Ouvert	Fermé
Gros	Mince
Petit	Grand
Sérieux	Drôle
Dangereux	Inoffensif
Détendu	Contracté
Minuscule	Énorme
Ennuyeux	Intéressant
Bébé	Adulte
Nerveux	Calme
Sobre	Ivre
Lâche	Serré
Violent	Doux

HISTOIRE DE FAMILLE

1. Le garçon est le neveu du monsieur et le fils de la dame.
2. J'ai 18 ans, mon frère 23 et ma sœur 16.
3. J'ai 9 ans.

QUELS PROBLÈMES

1. J'ai 13 ans.
2. 625 g.

3. Susie a 26 ans.
4. On n'enterre pas les survivants.

PIÈCES DE MONNAIE

18 mouvements sont nécessaires pour arriver au bon résultat.

L'HEURE DE S'ARRÊTER

1. 13 : 57.
2. 7 : 51.
3. Cinq minutes.
4. 23 : 26.
5. 15 : 02.

INDEX

Les numéros en italiques correspondent à des illustrations.